VOLTAIRE.

VOLTAIRIANA,

OU

RECUEIL

Des Bons Mots, Plaisanteries, Pensées ingénieuses et Saillies spirituelles de VOLTAIRE, etc.

SUIVI

Des Anecdotes peu connues, relatives à ce Philosophe et Poëte célèbre.

SECONDE ÉDITION.

Naturam amplectitur omnem.

Par C..... D'AVAL...

A PARIS,

CHEZ PILLOT, LIBRAIRE, SUR LE PONT-NEUF, N°. 5.

AN IX. —— 1801.

PRÉFACE.

On a beaucoup imprimé pour et contre Voltaire ; mais dans cette foule de brochures relatives à ce grand philosophe, on ne voit que la passion dominer et une partialité scandaleuse. Ses ennemis l'ont déchiré avec un acharnement presque inconcevable ; ses partisans l'ont préconisé avec une telle emphase, que la vérité s'est, pour ainsi dire, trouvée étouffée sous l'exagération des uns et les mensonges des autres. Il a donc fallu démêler avec soin le vrai d'avec le faux, et se servir du fil d'Ariadne pour nous guider au milieu de ce dédale de libelles et d'éloges, dont il a été le sujet pendant sa vie , et jusqu'après sa mort.

De là tant d'anecdotes fausses , de mensonges impertinens , de calomnies atroces, et d'assertions extravagantes.

Nous ne nous sommes point proposés , dans ce recueil , de ne faire que son éloge , et de ne le montrer que du côté avantageux: nous avons également recueilli ce qui était à son avantage comme à son désavantage, laissant nos lecteurs à même de juger l'homme et l'auteur par sa conduite et ses ouvrages.

C'est dans sa vie privée, et quelquefois au milieu de la société , que l'homme se montre tel qu'il est ; c'est souvent au milieu d'un cercle d'amis, que le caractère et l'esprit se montrent à nu, et que la conversation fait jaillir, comme des traits ; ces pensées spirituelles, ces réponses ingénieuses et ces saillies vives et rapides qui peignent avec vérité le philosophe éclairé, le grand poëte, le penseur profond et l'homme du monde. Un homme d'esprit a ainsi tracé le portrait de *Voltaire*.

L'Horace des Français, le Sophocle et l'Homère,
Cher à plus d'un Mécène, aimé des plus grands rois,
Successeur de Chaulieu, de Ninon légataire,
Vécut en philosophe, à l'ombre de ces bois (*).
Oracle de son siècle, il éclaira le terre.
Des Syrven, des Calas il rétablit les droits;
Pour le sang de Corneille il eut un cœur de père,
Contre la servitude il éleva sa voix,
Et du faible opprimé fut l'ange tutélaire.
Critique, historien, moraliste, orateur,
Créateur de Ferney, conquérant littéraire,
Disciple de Newton, et négociateur,
Nos neveux penseront qu'il fut plus d'un Voltaire.

Parmi les anecdotes qui font partie

_____

(*) Ferney.

de cet ouvrage, il y en a plusieurs qui n'ont pas encore été publiées, et qui nous ont été communiquées par des personnes dignes de foi.

On sait que Voltaire était fin railleur : on verra donc ici avec plaisir quelques plaisanteries qui n'ont pas encore paru, et qui nous ont été transmises par des particuliers qui ont eu des liaisons étroites avec ce grand homme.

Nous avons secoué la poussière de trois cents ouvrages polémiques, pour en extraire ce qui concernait particulièrement *Voltaire*, et que les éditeurs de ses ouvrages ont passé sous silence, soit par omission volontaire, ou pour quelque autre cause que nous ne chercherons pas à approfondir, comme absolument inutile et étrangère à notre travail.

Le marquis de Luchet a fait l'histoire de Voltaire, en six gros volumes in-8°. Dans cette compilation volumineuse qu'on ne lit plus, nous avons remarqué que cet auteur ne s'était pas piqué d'une fidélité scrupuleuse ; et cette histoire où nous pensions trouver des renseignemens précieux, nous a été presqu'inutile.

Nous avons lieu de présumer, d'après nos recherches laborieuses, que le public accueillera avec bonté ce petit ouvrage, qui l'instruira en l'amusant, et le mettra à même de connaître à fond un homme qui a eu tant de prôneurs et tant de détracteurs, et dont la mémoire sera toujours chère à la philosophie et à la littérature.

Malgré tous les *ana* qui inondent le public, même en comptant le *Pironiana*, nous nous flattons que le public distinguera celui-ci, comme

plus instructif et plus plaisant que
ses confrères.

> Depuis mons *Ménagiana*,
> Il ne circulait plus d'*ana* ;
> Mais, grace au *Biévriana*,
> Chacun pourra lire et lira
> L'illustre *Champfortiana*,
> Le malin *Pironiana*,
> Et prudemment terminera
> Par le grand *VOLTAIRIANA*.

VIE

DE VOLTAIRE.

FRANÇOIS-MARIE AROUET, qui a rendu le nom de *Voltaire* si célèbre, naquit à Châtenay, le 20 février 1694. Son père exerçait la charge de trésorier de la chambre-des-comptes; sa mère, *Marguerite d'Aumart*, était d'une famille noble du Poitou.

Lorsqu'il fut dans l'âge d'étudier, on le mit au collége des Jésuites, où commencèrent à se développer son génie et ses talens, sous les célèbres professeurs, le père *Porcé* et le père *le Jay*. Ces deux hommes découvrirent en lui le germe d'un grand talent; le père *le Jay* lui prédit qu'il serait, en France, le cory-

phée du déisme : l'événement vé-
rifia sa prédiction.

Au sortir du collége, l'abbé de
Châteauneuf, son parrain, l'intro-
duisit dans les sociétés les plus brillantes, sociétés qui affectaient de
porter la liberté et le goût du plaisir
jusqu'à la licence. Il suffit de nom-
mer le duc de Sulli, les marquis de
la Fare, l'abbé de Servien, l'abbé
Chaulieu et l'abbé Courtin, pour
s'en former une idée.

Ce fut par ce même abbé de Châteauneuf qu'il fut présenté, encore
enfant, à la célèbre Ninon, qui le
goûta, et lui légua, par son testa-
ment, 2000 francs, pour acheter des
livres.

Son père qui en voulait faire un
magistrat, fut désolé en apprenant
qu'il faisait des vers et qu'il voyait
bonne compagnie. Les querelles

qu'occasionnèrent dans la famille la volonté du père, d'une part, et l'opiniâtreté du fils à suivre le parti des Muses, finirent par faire envoyer le jeune Voltaire chez le marquis de Châteauneuf, ambassadeur de France en Hollande.

C'est là que notre jeune poëte trouva madame du Noyer avec ses deux filles. Il devint amoureux de l'une d'elles ; sa passion fit du bruit. Madame du Noyer s'en plaignit à *l'ambassadeur*, qui renvoya le jeune Voltaire dans sa famille.

Arrivé à Paris, le jeune homme oublia bientôt son amour. Son père le voyant toujours obstiné à faire des vers, et à vivre dans le monde, l'exclut de sa maison. Il voulut passer en Amérique, son père n'y voulut point consentir ; il fallut enfin se résoudre ; il entra chez un

procureur : il n'y resta pas long-
temps. M. de Caumartin, touché de
son sort, obtint la permission du
père de le mener à Saint-Ange. C'est
de ce voyage que Voltaire revint,
occupé de la Henriade et du siècle
de Louis XIV.

Louis XIV venait de descendre au
tombeau, chargé de la malédiction
du peuple. On prodigua les satires.
Voltaire, qui fut accusé d'en avoir
fait une, fut mis à la Bastille ; elle
finissait par ce vers :

J'ai vu ces maux, et je n'ai pas vingt ans.

Le duc d'*Orléans*, instruit de son
innocence, lui rendit la liberté, et
lui accorda une gratification.

Ce fut à la Bastille que le jeune
poëte ébaucha le poëme *de la Ligue*,
et corrigea sa tragédie d'*OEdipe*,
commencée long-temps auparavant.

Sa tragédie d'*OEdipe* obtint un

grand succès, mais *Artémire* n'eut pas le même sort.

En 1722, Voltaire accompagna madame de *Rupelmonde* en Hollande; il alla voir à Bruxelles le grand *Rousseau*. Ils se brouillèrent et ne se revirent plus.

En 1724, il donna *Mariamne*, qui obtint 40 représentations de suite : c'était le sujet d'*Artémire*, sous des noms nouveaux, avec une intrigue moins compliquée et moins romanesque.

Vers la même époque, parut la *Henriade*, sous le nom de la *Ligue*. On a voulu lui donner le nom de poëme épique; ce n'est simplement qu'un beau poëme en vers héroïques.

Quelques disgrâces qu'il éprouva l'obligèrent de chercher un asyle en Angleterre. La tragédie de Brutus fut le premier fruit de son voyage dans ce pays. Elle mérita les plus grands applaudissemens. Il crut alors pouvoir aspirer à une place à l'académie française, mais il n'eut pas même l'honneur de balancer les suffrages. *Legros de Boze*, personnage absolument oublié aujourd'hui, pononça, d'un ton doctoral, que *Voltaire* ne serait jamais un personnage académique.

Après *Brutus*, VOLTAIRE fit la *Mort de César*. Cette tragédie ne fut jouée qu'au bout de quelques années, et dans un collége. On ne voulut pas même permettre de l'imprimer.

L'élégie sur la mort de mademoiselle *Lecouvreur* fut pour VOLTAIRE le sujet d'une persécution sérieuse, qui l'obligea de quitter la capitale. Heureusement l'absence fait tout oublier, même la fureur de persécuter. Il donna quelque temps après *Eryphile*, qui n'eut aucun succès. Loin de se laisser abattre par ce revers, il saisit le sujet de *Zaïre*, en conçoit le plan, achève l'ouvrage en 18 jours, et elle paraît sur le théâtre quatre mois après *Eryphile*. Le succès passa ses espérances. Elle fut suivie *d'Adélaïde Duguesclin*, qui éprouva le même sort qu'Eryphile ; cette pièce reparut sous le nom du *duc de Foix*, revue et corrigée, et réussit mieux. Dans sa retraite, Voltaire fit ses lettres sur les *Anglais* : elles firent connaître Newton, Locke, Bacon, Shakespear, Congrève, etc., dont on avait à peine connaissance en France, comme philosophes et littérateurs.

La publication de ces lettres excita une persécution dont on a peine aujourd'hui à concevoir l'acharnement. Le clergé en demanda la suppression, et l'obtint par un arrêt du conseil. Le parlement brûla le livre. On alla jusqu'à ordonner des informations contre lui. *Voltaire,* averti à temps, évita les gens envoyés pour le conduire au lieu de son exil, aimant mieux combattre de loin et d'un lieu sûr. L'orage s'appaisa quelque temps après, et il eut la permission de reparaître à Paris. Le calme ne dura qu'un instant. L'Epître à *Uranie* parût. *Voltaire* fut obligé de la désavouer, et de l'attribuer à l'abbé *Chaulieu,* mort depuis plusieurs années.

L'indiscrétion avec laquelle ses amis récitèrent quelques fragmens de la *Pucelle,* fut la cause d'une nouvelle persécution. Le garde-des-sceaux menaça le poëte d'un cul-de-basse-fosse, si jamais il paraissait rien de cet ouvrage. Fatigué de tant de persécutions, il crut alors devoir changer sa manière de vivre, sa fortune lui en laissa la liberté. Il voulut devenir riche pour être indépendant, et il eut également raison.

Voltaire avait hérité de son père et de son frère une fortune honnête. L'édition de la *Henriade*, faite à Londres, l'avait augmentée. Des spéculations heureuses dans les fonds publics y avaient ajouté encore. Au moyen d'une fortune assez considérable, et n'ayant plus besoin de protecteurs, il renonça au séjour de la capitale. A son retour d'Angleterre, et rendu à sa patrie, il se réduisit à ne vivre habituellement qu'avec un petit nombre d'amis.

Vers le temps de ses persécutions, une tendre amitié vint lui offrir des consolations plus douces, et aug-

menter son amour pour la retraite.
Ce fut celle de la marquise du Châtelet, passionnée comme lui pour
l'étude et la gloire. Dans sa retraite
à *Cyrey*, il donna une exposition
élémentaire des découvertes de
Newton, sur le système du monde
et la lumière. Il se livrait en même
temps à l'étude de la physique; mais
après avoir donné quelques années
à cette science, il l'abandonna pour
s'adonner entièrement à la philosophie et à la poésie. C'est à *Cyrey*
qu'il fit *Alzire*, *Zulime*, *Mahomet*;
qu'il acheva ses discours sur *l'Homme*, qu'il écrivit l'histoire de Charles XII, prépara le siècle de Louis
XIV, et rassembla des matériaux
pour son essai sur les mœurs et l'esprit des nations, depuis *Charlemagne*
jusqu'à nos jours.

Mahomet fut d'abord joué à Lille,

en 1741. On osa la risquer à Paris. Ce ne fut qu'en 1751, que monsieur d'Alembert, nommé par le comte d'Argenson pour examiner la pièce, eut le courage de l'approuver. Elle obtint le plus brillant succès.

Zulime ne réussit point, malgré tous les efforts de l'auteur pour la corriger et pour en pallier les défauts.

Les *Discours sur l'Homme* sont un des plus beaux monumens de la poésie française. Il voulut rivaliser Pope, qui avait traité le même sujet. La manière dont il l'a traité, le met sur la même ligne que le poëte anglais, et ses discours ont l'avantage de renfermer une philosophie plus vraie, plus douce et plus usuelle.

La vie de *Charles* XII est le premier morceau d'histoire que *Voltaire ait publié*. Malgré l'authenticité des mémoires originaux fournis par les témoins mêmes des événemens , on accusa cette histoire d'être un roman, parce qu'elle en avait tout l'intérêt.

Un libelle où l'on calomniait sa vie entière, vint troubler son repos à *Cirey*. Ce fut l'abbé *Desfontaines*, qui devait à *Voltaire* la liberté et peut-être la vie , qui en fut l'auteur, et qui reconnut , par cette perfidie atroce, les bontés de son bienfaiteur. Il poursuivit *Desfontaines*, qui en fut quitte pour désavouer le libelle.

Ce fut à cette époque, à 44 ans, après vingt années de patience, que Voltaire sortit pour la première fois de la modération qu'il avait toujours suivie , et qu'on vit pleuvoir cette multitudes de pamphlets, toujours piquans par un ton d'originalité et de plaisanterie , et qui, en amusant le public , attirèrent à Voltaire une foule d'ennemis , qui le persécutèrent avec acharnement jusqu'à la fin de ses jours.

La liaison qui se forma, vers le même temps, entre *Voltaire* et le prince royal de Prusse, si renommé depuis sous le nom de Frédéric II, fut une des premières causes des emportemens où ses ennemis se livrèrent contre lui. Ce prince choisit *Voltaire* pour son confident et son guide ; ils s'envoyèrent réciproquement leurs ouvrages. Ce fut à Cirey que Voltaire reçut le portrait et les manuscrits du jeune Frédéric.

Malgré le succès de sa tragédie de Mérope, dont il venait d'enrichir la scène, et les protections puissantes qu'il avait, il ne put obtenir la place vacante à l'académie, par la mort du cardinal Fleury. Ce fut Boyer qui remplaça ce dernier.

Peu de temps après, il fut envoyé

en Prusse par le ministère, pour
négocier avec Frédéric II, mais en
secret, son alliance avec la France.
N'ayant pu réussir, il revint à Paris, et rendit compte de son voyage.
Il eut alors un appui plus puissant,
la marquise de Pompadour, avec
laquelle il avait été lié, lorsqu'elle
était encore *madame d'Etiole*. Elle le
chargea de faire une pièce pour le
premier mariage du dauphin. Une
charge de gentilhomme de la chambre, le titre d'historiographe de
France, et enfin la protection de la
cour, nécessaire pour empêcher la
cabale des dévots de lui fermer l'entrée de l'académie française, furent
la récompense de cet ouvrage. Il
y fut enfin admis. Dans son discours
à l'académie, il secoua le premier le
joug de l'usage, qui semblait condamner ces discours à n'être qu'une

suite de complimens plus encore que d'éloges. Il parla dans le sien de littérature et de goût. Son exemple fut suivi par la suite par d'autres littérateurs.

Un nouvel orage de libelles vint tomber sur lui, et il n'eut pas la force de les mépriser. Il retourna à Cirey, et bientôt après à la cour de Stanislas, où il fit connaissance avec *St. Lambert*, l'auteur du poëme des Saisons. Il menait à Lunéville une vie occupée, douce et tranquille, lorsqu'il eut le malheur d'y perdre son amie.

Madame *Duchâtelet* mourut au moment où elle venait de terminer la traduction de *Newton*, dont le travail forcé abrégea ses jours. Revenu à Paris, il se livra au travail. Fatigué d'entendre tous les gens du monde, et la plupart des gens do lettres, lui préférer Crébillon, moins par le sentiment que pour le punir de l'universalité de ses talens, il donna au théâtre *Sémiramis*, *Oreste* et *Rome sauvée*, trois sujets que Crébillon avait traités. Il fit ces trois pièces à Sceaux, chez madame la *Duchesse du Maine*. *Sémiramis* obtint un brillant succès; mais on ne rendit justice que long-temps après à *Oreste* et à *Rome sauvée*.

Ce fut à cette époque qu'il consentit enfin à céder aux instances du roi de Prusse, et qu'il accepta le titre de chambellan, la grande croix de l'ordre de mérite, et une pension de 20,000 liv. Il alla donc à Berlin, où il trouva, dans le palais de Frédéric, la paix et presque la liberté, sans aucun autre assujétissement que celui de passer quelques heures avec le roi, pour corriger ses ouvrages, et lui apprendre les secrets de l'art d'écrire. C'est là qu'il perfectionna quelques-unes de ses tragédies, qu'il acheva le siècle de Louis XIV, qu'il corrigea la Pucelle, qu'il travailla à son essai sur les mœurs et l'esprit des nations, et qu'il fit le poëme de la loi naturelle. C'est là, dis-je, qu'il adressait des vers aux princesses, jouait la tragédie avec les frères et les sœurs du roi, et leur donnait des leçons de déclamation. Voilà ce que Voltaire appelait le palais d'Alcine; mais l'enchantement fut trop tôt dissipé. Quelques mots défavorables tenus par *Frédéric*, et quelques plaisanteries échappées à *Voltaire* sur *Maupertuis*, et qui furent rapportées à ce dernier, les libelles de la Beaumesle, la diatribe du docteur d'*Akakia*, brûlée par ordre du roi, jetèrent de la défiance dans l'ame outragée de notre auteur. Il

3

renvoya sa croix, sa clef et le brevet de sa pension. Il demande la permission de partir, on la lui refuse; il parvient enfin à avoir une entrevue avec le roi : Frédéric lui rend une partie de sa faveur, et lui accorde la permission d'aller à Plombières.

Voltaire se hâta de se rendre à Leipsick, où Maupertuis lui envoya un cartel qui n'eut d'autre effet que d'ouvrir une nouvelle source à ses intarissables plaisanteries. De Leipsick, il alla chez la duchesse de Saxe-Gotha : il y commença pour elle ses Annales de l'Empire. De Gotha, il partit pour Plombières, et prit la route de Francfort, où il fut étroitement gardé pendant trois semaines, par ordre du roi, et il ne fut relâché qu'après avoir rendu sa croix, sa clef, le brevet de pension, et les vers, que Freitag appelait l'*œuvre de poésies du roi son maître*. Echappé de Francfort, il vint à Colmar.

Il passa près de deux années en Alsace. C'est pendant ce séjour qu'il publia les *Annales de l'Empire*, le seul des abrégés chronologiques qu'on puisse lire de suite, parce qu'il est écrit d'un style rapide, et rempli de résultats philosophiques exprimés avec énergie.

Il se détermina ensuite à aller prendre les eaux d'Aix, en Savoie. Il passa par Lyon, où ses pièces furent jouées devant lui, au bruit des acclamations d'un peuple enivré de le posséder. Il quitta Lyon, il passa par Genève pour consulter Tronchin. Il pensa y choisir sa retraite; mais son gouvernement et ses mœurs ne lui convenant pas, il prit enfin le parti d'habiter Tournay, puis Ferney, en France, et les *Délices*, aux portes de Genève. C'est-là qu'il fixa enfin sa demeure avec madame Denis, sa nièce, alors veuve et sans enfans, et qu'il commença à goûter une tranquillité qui lui avait été jusqu'alors inconnue. Mais son repos fut bientôt troublé par la publication de *la Pucelle*, commencée vers 1730, et qui n'avait jamais été achevée. Quelques copies infidelles parurent ; les persécutions recommencèrent. Ses amis détournèrent la persécution, en prouvant que l'ouvrage était falsifié. Cette infidélité l'obligea de l'achever. Deux ouvrages bien différens parurent à la même époque, le poëme sur la *loi naturelle*, et celui de la destruction de *Lisbonne*. Le premier excita la haine des dévots, qui appelaient ce poëme le poëme de la religion naturelle. Il publia ensuite *Candide*, un de ses chefs-d'œuvres dans le genre des romans philosophiques, qu'il transporta d'Angleterre en France, en le perfectionnant. Une traduction libre de *l'Ecclésiaste* et d'une partie du *Cantique des Cantiques*, suivit de près *Candide*.

En 1757, parut la première édition de ses œuvres, vraiment faites sous ses yeux. Il y ajouta son immortel *Essai sur les Mœurs* et *l'Esprit des Nations*. Cette même année fut l'époque d'une réconciliation entre Voltaire et son ancien disciple. Voltaire parut tantôt reprendre son ancienne amitié, tantôt ne conserver que la mémoire de Francfort. C'est alors qu'il composa ces mémoires singuliers, où le souvenir profond d'un juste ressentiment n'étouffe ni la gaieté ni la justice. Il les avait généreusement condamnés à l'oubli : le hasard les a conservés pour venger le génie des attentats du pouvoir.

Voltaire était encore à Berlin, lorsque Diderot et d'Alembert formèrent le projet de l'Encyclopédie, et en publièrent le premier volume. Retiré à Ferney, il donna, pour cet ouvrage immense, un petit nombre d'articles de littérature, et en prépara quelques-uns de philosophie. Cet ouvrage excita une guerre littéraire, dont Voltaire se trouva naturellement le chef par son âge, par sa célébrité, son zèle et son génie. C'est dans l'année 1760 que cette guerre littéraire fut plus vive. Le Franc de Pompignan, Palissot, Fréron furent les principaux chefs des anti-encyclopédistes ; Voltaire se réveilla. Le *Pauvre Diable*, le *Russe à Paris*, la *Vanité*, une foule de plaisanteries en prose se succédèrent avec une étonnante rapidité, et firent justice de tous ses détracteurs.

C'est cette même année qu'une nièce de Corneille fut appelée à Ferney ; elle y reçut l'éducation qui convenait à l'état que sa naissance lui marquait dans la société. Ce fut avec le commentaire qu'il fit des œuvres de l'oncle qu'il dota la nièce.

Quelque temps après, il entreprit la défense de Calas et des Syrven, qui donna lieu à ces mémoires éloquens qui firent casser des arrêts sanglans, et réhabilitèrent deux familles.

La destruction des jésuites, où Voltaire avait été élevé, arriva quelque temps après : le philosophe, fatigué des clameurs du journal de

Trévoux, prit la plume, et aida à pulvériser le jésuitisme, qui n'avait pas encore perdu tout espoir de se relever.

Le supplice du comte de Lalli excita son indignation. Il parla long-temps sans pouvoir se faire entendre. Il ne fit, pour ainsi dire, que préparer les esprits ; et lorsque le fils du comte de Lalli, si célèbre depuis par son éloquence et son courage, eut atteint l'âge où il pouvait demander justice, les esprits étaient disposés à y applaudir et à solliciter. Voltaire était mourant, lorsqu'après douze ans cet arrêt injuste fut cassé ; il en apprit la nouvelle, ses forces se ranimèrent, et il écrivit : *je meurs content, je vois que le roi aime la justice.*

De nouvelles persécutions l'atteignirent jusqu'en son asyle. L'évêque d'Anneci, dans le diocèse duquel Ferney est situé, écrivit au comte de St. Florentin, pour l'engager à faire sortir Voltaire de son diocèse. L'évêque ne réussit point. Cela n'empêcha pas Voltaire d'être en butte à de nouvelles persécutions, et de les repousser avec le sarcasme et la plaisanterie; de prendre le parti des opprimés, et de plaider leur cause en présence de toute l'Europe.

A l'avénement de Louis XVI, Turgot fut élevé au ministère. Il connaissait ce chef des économistes, il admirait, et ne cessait de vanter sa droiture et ses lumières. Ce fut à-peu-près à cette époque que Voltaire désira revoir sa patrie, et suivit M. de Villette à Paris, où il reçut des honneurs jusqu'alors inouis.

Tant de travaux avaient épuisé ses forces. Un crachement de sang, une insomnie cruelle et prolongée, achevèrent de l'affaiblir entièrement. Il mourut à Paris le 30 mai 1778.

Nous ne nous étendrons pas davantage, n'ayant voulu que donner un extrait raisonné de la vie de Voltaire, qui pût faire connaître le philosophe, le poète, l'orateur, l'ami de l'humanité et l'apôtre de la tolérance.

ANECDOTES,

BONS-MOTS, etc.

Ce fut après la première représentation de *Brutus*, que *Fontenelle* dit à *Voltaire* qu'il ne le croyait point propre à la tragédie, que son style était trop fort, trop pompeux, trop brillant. — « Je vais donc relire vos pastorales, lui répondit le tragique. »

Le lieutenant de police Hérault dit un jour à *Voltaire* : « Quoique vous écriviez, vous ne viendrez pas à bout de détruire la religion chrétienne. » — *C'est ce que nous verrons*, répondit-il. *Voltaire* avait la vue plus longue que le lieutenant de police, et l'événement a justifié son assertion.

———

Dans un moment où l'on parlait beaucoup d'un homme arrêté sur une lettre-de-cachet suspectée de fausseté, il demanda au même magistrat ce qu'on faisait à ceux qui fabriquaient de fausses lettres-de-cachet. — On les pend. — « C'est toujours bien fait, en attendant qu'on traite de même ceux qui en signent de vraies. »

———

Le général *Manstein* pressait *Voltaire* de recevoir ses mémoires : « Le roi m'a envoyé son linge sale à blanchir, il faut que le vôtre attende », répondit Voltaire, qui venait de recevoir, du roi de Prusse, un paquet de vers à corriger.

———

Une autre fois, en montrant sur la table un paquet de vers du roi, il dit, dans un moment d'humeur : « Cet homme-là, c'est *César* et l'abbé *Cotin.* »

En 1760, Voltaire apprend qu'une petite nièce de Corneille languissait dans un état indigne de son nom : « C'est le devoir d'un soldat, s'écria-t-il, de secourir la nièce de son général. » (Voyez sa vie.)

Le curé de St.-Sulpice voulait absolument faire reconnaître à *Voltaire* mourant, la divinité de *Jésus-Christ,* auquel il s'intéressait plus qu'aux autres dogmes. Il le tira un jour de sa léthargie, en lui criant aux oreilles : « Croyez-vous à la divinité de *Jésus-Christ*? — Au nom

4

de Dieu, monsieur, ne me parlez plus de cet homme-là, et laissez-moi mourir en repos, répondit *Voltaire*. »

Voltaire était un jour questionné sur la préférence que les uns accordaient à mademoiselle *Dumesnil* sur mademoiselle *Clairon*, et sur l'enthousiasme que cette dernière excitait, au grand regret de celle qui lui avait servi de modèle. Ceux qui tenaient encore au vieux goût prétendaient que pour attacher l'ame, la remuer et la déchirer, il fallait avoir, comme mademoiselle *Dumesnil*, *de la machine à Corneille*, et que mademoiselle *Clairon* n'en avait point. *Elle l'a dans la gorge*, s'écria Voltaire, et la question fut jugée.

Personne n'ignore qu'à la mort du célèbre Baron, ainsi qu'à la retraite de Beaubourg, l'emploi tragique et comique de ces deux grands comédiens fut donné à Sarrazin, qui ne suivait alors que de bien loin les traces de ses maîtres; c'est ce qui lui attira une assez bonne plaisanterie de Voltaire, lorque ce dernier le chargea du rôle de Brutus, dans la tragédie de ce nom. On répétait la pièce au théâtre, la mollesse de Sarrazin, dans son invocation au dieu Mars, le peu de fermeté, de grandeur et de majesté qu'il mettait dans le premier acte, impatienta tellement Voltaire, qu'il lui dit avec une ironie sanglante : « Monsieur, songez donc que vous êtes Brutus, le plus ferme de tous les consuls Romains, et qu'il ne faut point parler au dieu Mars comme si vous disiez : ah! bonne vierge, faites-moi gagner un lot de cent francs à la loterie. »

Ce même Sarrasin reçut un sarcasme encore plus sanglant de la part de Piron. *Voyez Pironiana.*

―――――

Le succès d'*Œdipe* fut si brillant, que le maréchal de Villars dit à l'auteur, en sortant des représentations : « La nation vous a bien des obligations de ce que vous lui consacrez ainsi vos veilles. » *Elle m'en aurait bien davantage*, lui répondit vivement le poète, *si je savais écrire comme vous savez parler et agir.*

―――――

Au sortir d'une autre représentation, un homme de la cour, qui donnait la main à une femme tout-à-fait attendrie, dit à l'auteur : « Voici deux beaux yeux auxquels vous avez bien fait répandre des larmes. » *Ils s'en vengeront bien sur d'autres*, répliqua VOLTAIRE.

―――――

Le régent, par ordre duquel VOL-
TAIRE était à la Bastille, lorsqu'on
représentait Œ*dipe*, fut si content
de cette pièce, qu'il rendit la liberté
au prisonnier. Le jeune poète alla
sur-le-champ en remercier le prince
qui lui dit : « Soyez sage, et j'aurai
soin de vous. » *Je vous suis infini-*
ment obligé, répondit l'auteur ; mais
je supplie votre altesse de ne plus se
charger de mon logement ni de ma
nourriture.

———

Dans un repas où se trouvait
Voltaire, la conversation tomba
sur l'antiquité du monde. On lui
demanda là-dessus son avis : « Moi,
dit-il, je crois que le monde ressemble à une vieille coquette qui
déguise son âge. »

———

Après la catastrophe des Jésuites, un d'eux se retira à Ferney,

chez *Voltaire.* Quelqu'un des amis de ce grand poète lui demanda un jour le nom de son pensionnaire. « C'est, répondit-il, *le père Adam,* qui n'est pas le premier homme du monde. »

A la première représentation de l'*Œdipe*, un jeune seigneur frappa sur l'épaule de l'auteur, la pièce finie, en lui disant : « C'est à merveille, *Voltaire.* » Le poète enivré de son succès, trouva ce ton trop familier, et riposta : « Je suis bien monsieur pour vous. » Mais, reprit le seigneur, il y a une si grande différence entre vous et moi ! « La seule que j'y trouve, répondit fièrement *Voltaire,* c'est que je porte mon nom, et que vous traînez le vôtre. »

Lamotte prétendait que la prose était bonne à tout. Il disait un jour à *Voltaire*, à propos de l'Œdipe de ce dernier : c'est le plus beau sujet du monde ; il faut que je le mette en prose. — *Faites cela*, répondit Voltaire, *et je mettrai votre Inès en vers.*

———

Quelqu'un disait à *Voltaire :* «Convenez que les hommages que vous recevez doivent bien flatter votre cœur, et vous dédommager des tracasseries que vous avez essuyées. » « Je suis, répondit-il, comme *Spartacus*, tout étonné de ma gloire. »

———

Se trouvant dans un salon, accablé par le nombre de spectateurs, il sortit en disant : « On étouffe ici, mais sous des roses. »

———

Après les représentations de la *Princesse de Navarre*, sur le théâtre de la cour, *madame de Pompadour* obtint, pour *Voltaire*, le don gratuit d'une charge de gentilhomme ordinaire de la chambre. C'était un présent d'autant plus agréable , que , peu de tems après , Louis XV lui permit de vendre cette charge, et d'en conserver le titre , les privilèges et les fonctions. *Voltaire* fit l'impromptu suivant , sur cette grace qui lui avait été accordée sans être sollicitée :

Mon *Henri-Quatre* et ma *Zaïre*,
Et mon américaine *Alzire*,
Ne m'ont valu jamais un seul regard du
roi;
J'avais mille ennemis, avec très-peu de
gloire :
Les honneurs et les biens pleuvent enfin
sur moi,
Pour une farce de la foire.

———————

On déchirait sans pitié *Lamotte*, dans une compagnie composée de personnes les plus distinguées, et des plus beaux esprits. *Voltaire*, fatigué de cet acharnement cruel, joua d'un bon tour à la société. « Messieurs, leur dit-il, je suis possesseur d'une fable de *Lafontaine*, qui n'a jamais été imprimée.» Comment! vous avez une fable de *Lafontaine*, que nous ne connais-sonspas? Dépêchez-vous de nous la lire. *Voltaire* en fit lecture ; et chacun de s'écrier : « Voilà de l'admirable! Ce n'est pas comme ses vilaines fables de *Lamotte*. Ici, que de naturel! que d'aménité! que de graces! » —«Eh bien! messieurs, s'écria *Voltaire*, cette fable charmante, que vous admirez tous, est pourtant de *Lamotte*. »

—————

On proposait un jour à *Voltaire* de faire le commentaire de *Racine* ; il répondit : « Il n'y a qu'à mettre au bas de toutes les pages : *beau , pathé-tique , harmonieux , inimitable.* »

Dans le dernier séjour de *Voltaire* à Paris , le Lycurgue de l'Amérique fut le voir, et *Voltaire* lui parla anglais. Madame Denis rappela à son oncle que *Francklin* savait le Français , et qu'on serait bien-aise de les entendre tous deux : « Ma nièce, répondit *Voltaire* , j'ai cédé un moment à la vanité de parler le même langage que M. Francklin. »

Voltaire se trouvant chez le duc de *Richelieu* , un soir que ce seigneur envoyait à madame de la *Popelinière* un dindon à l'ail, avec un billet par lequel il la priait de lui donner à souper, ce poète facile prit le billet et y ajouta ces vers :

Un dindon tont à l'ail , un seigneur tout
    à l'ambre ;
A souper vous sont destinés :

On doit, quand Richelieu paraît dans une
chambre,
Bien défendre son cœur, et bien boucher
son nez.

Vernet vint rendre visite à *Voltaire*.
Sitôt que l'illustre poète eut aperçu le grand peintre : « C'est vous,
M. *Vernet*, qui irez à l'immortalité ; vous avez les couleurs les plus
brillantes et les plus durables. » Mes
couleurs ne valent pas votre encre,
répondit *Vernet*. » Aussitôt il veut
prendre la main de *Voltaire* pour
la lui baiser ; mais celui-ci la retirant bien vîte, lui dit : *Que faites-
vous ? il faudrait donc que je vous
baisasse les pieds ?*

Mercier avait un habit tirant sur
le violet lorsqu'il fit sa première visite à *Voltaire*. Aussitôt que le poète
l'eut aperçu, il s'écria : *voilà l'habit de Jean Hennuyer.*

Un jour que *Voltaire* se rendit à la loge des Neuf-Sœurs, on l'accueillit avec tous les honneurs dûs à ses rares talens. Ce vénérable vieillard, touché jusqu'aux larmes d'une pareille réception, dit aux personnes qui composaient cette assemblée distinguée : « Vous me faites pour la première fois connaître la vanité ; mais vous me faites encore bien mieux sentir la reconnaissance. »

Voltaire, dans un moment d'humeur contre *J. J. Rousseau*, dit en plaisantant : « Je voudrais arracher les bonnes pages du roman de *Julie*. Il aurait pu ajouter : et celles de l'Emile, du Contrat-Social, etc.

Madame *Pourra*, femme d'un banquier de Lyon, folâtrant avec *Voltaire*, lui disait entre autres choses agréables, combien elle s'in-

téressait à sa santé, lui ajoutant
impérieusement qu'il fallait qu'il
se conservât. Le poète, alors octo-
génaire, lui répondit sur - le -
champ, avec une ingénieuse viva-
cité :

Vous voulez arrêter mon ame fugitive :
  Ah! madame, je le crois bien,
De tout ce qu'on possède on ne veut per-
              dre rien,
  On veut que son esclave vive.

————

A la rentrée du théâtre, on donna
Alzire : *Voltaire* y était en petite loge ; mais l'enthousiasme le
trahit, dans un moment où, très-
satisfait du jeu de *Larive*, qui faisait le rôle de Zamore, il s'écria :
Ah! que c'est bien! A ce cri, le
public reconnut l'auteur, et inter-
rompit la pièce à force d'acclamations, jusqu'à ce que *Voltaire* se
fût montré.

————

Voltaire, faisant jouer, dans son château des Délices, près de Genève, son *Orphelin de la Chine*, le président de Montesquieu, qui était spectateur, s'endormit profondément. *Voltaire* qui l'aperçut lui jeta son chapeau à la tête, en disant : *Il croit être à l'audience.*

Dans une séance particulière de l'académie française, *Voltaire* se plaignit à ses confrères de la pauvreté de la langue, et parla ensuite de quelques mots usités, et qu'il serait à desirer qu'on adoptât celui de *tragédien*, par exemple. *Notre langue est une gueuse fière*, disait-il, il faut lui faire l'aumône malgré elle.

Tout le monde sait que *Voltaire* fut, entre les ennemis de Fréron, le plus dangereux et le plus envenimé. Tout le monde connaît les injures grossières, les sarcasmes multipliés que ce poète s'est permis contre lui ; mais tout le monde ne sait pas qu'il regardait ce journaliste comme un homme de beaucoup d'esprit et de goût. Un seigneur de la cour de Turin (le marquis de Prezzo) ayant prié Voltaire de lui indiquer quelqu'un à Paris qui fût en état de lui donner une idée de tous les écrits qui paraissent en France : « Adressez-vous, lui dit le poète, à ce coquin de Fréron ; il n'y a que lui qui puisse faire ce que vous demandez. » Ce seigneur témoigna beaucoup d'étonnement. « Ma foi, oui, reprit *Voltaire*, c'est le seul homme qui ait du goût ; je suis forcé d'en convenir, quoique je ne l'aime pas, et que j'aie de bonnes raisons pour le détester. »

———

Paulin débuta, en 1744, à la

comédie française, par les premiers
rôles dans la tragédie. Voltaire, qui
le protégeait, lui fit jouer peu de
tems après *Poliphonte* dans *Mérope*. Quelqu'un lui ayant demandé
pourquoi il donnait le rôle d'usurpateur à un jeune homme : *C'est
un tyran*, répondit-il, *que j'élève
à la brochette.*

Un bel-esprit avait envoyé à Voltaire une tragédie pour la sou-
mettre à son jugement; il la lut,
et la posant ensuite sur la table :
« La difficulté, dit-il, n'est pas
de faire une tragédie comme celle-
ci, mais de répondre à celui qui
l'a faite. »

Étant à Colmar, il vivait beaucoup avec le président et la prési-
dente de Klinglin. Ils avaient le
plus bel enfant du monde, qui fut
frappé tout d'un coup d'une para-

lysie aux cuisses et aux jambes.
C'est, dit le grand poète, *la tête de l'Amour sur le corps de Lazare.*

M*** fit paraître, en 1730, un livre qui avait pour titre : *de l'Ame des bêtes.*

Voltaire, après l'avoir lu, dit à un de ses amis qui lui en demandait son avis : « L'auteur est un excellent citoyen, mais il n'est pas assez instruit de l'histoire de son pays. »

Un abbé Lesneur alla visiter Voltaire, à titre d'homme-de-lettres : *M. l'abbé,* lui dit l'auteur de la Henriade, *vous avez un beau nom en peinture.*

Après sa malheureuse affaire de Francfort, il resta trois semaines à Mayence. *J'ai besoin,* disait-il, *de sécher mes habits mouillés du naufrage.*

Un particulier fut reçu à Ferney. On sait l'accueil que l'on y faisait aux étrangers. Notre homme, flatté de cette réception, déclara le lendemain de son arrivée que son intention était de passer six semaines dans un lieu qu'il disait être délicieux. Voltaire lui répondit en riant : « Vous ne voulez pas ressembler à Don-Quichotte ; il prenait les auberges pour des châteaux ; vous prenez les châteaux pour des auberges.

Voltaire, envoyant, dès 5 heures du matin, à un acteur, les corrections qu'il avait faites au rôle de *Poliphonte*, son laquais lui représenta que ce comédien était encore endormi. « Va toujours, lui dit-il, les tyrans ne dorment jamais. »

Madame Paulze, femme d'un fermier-général, venue près de Ferney, où elle avait une terre, désira voir Voltaire; mais sachant la difficulté d'être introduite, elle le fit prévenir de son envie, et croyant se donner plus d'importance auprès de lui, fit dire qu'elle était nièce de l'abbé Terray. A ce mot de Terray, frémissant de tout son corps, Voltaire répondit : « Dites à madame Paulze qu'il ne me reste plus qu'une dent, et que je la garde contre son oncle. »

Voltaire comparait les hommes à des oranges qu'on serre fortement pour en exprimer le jus, et dont on jette le marc ensuite comme inutile : pensée plus digne de Machiavel que de l'apôtre de l'humanité.

Voltaire lut sa tragédie d'Eryphyle à l'abbé Desfontaines. «*Comment la trouvez-vous ?* lui dit-il. Je ne la trouve pas bonne. — *Tant mieux ; elle est donc excellente.* Cette fois-ci le critique eut raison.

———

Dans une société brillante, quelqu'un dit à Voltaire. « Ah ! monsieur, que vous devez être content de vos ouvrages ! » — Je suis, répondit-il, comme le mari d'une coquette, dont tout le monde jouit, excepté lui.

———

On a décerné à Voltaire des honneurs dont aucun poète n'a joui avant lui ; il aurait été impossible d'y rien ajouter. A une des représentations d'Irène, ce poète ayant paru, fut reçu aux acclamations de tous les assistans : on cria ensuite : *une couronne !* Le comédien Brizard la lui mit sur la tête : *Ah !*

Dieu! vous voulez donc me faire mourir? s'écria l'illustre poète pleurant de joie.

Après la représentation de la tragédie, le buste de Voltaire fut apporté sur le théâtre, et élevé sur un piédestal : tous les comédiens l'entourèrent en demi-cercle , des palmes et des guirlandes à la main : une couronne était déjà sur le buste: le bruit des fanfares, des tambours, des trompettes , avait annoncé la cérémonie, et madame *Vestris* déclama les vers suivans, composés par le marquis de Saint-Marc.

> Aux yeux de Paris enchanté ,
> Reçois en ce jour un hommage
> Que confirmera d'âge en âge
> La sévère postérité.
> Non , tu n'as pas besoin d'atteindre au
>   noir rivage
> Pour jouir des honneurs de l'immortalité.
> Voltaire, reçois la couronne
> Que l'on vient de te présenter ;

Il est beau de la mériter,
Quand c'est la France qui la donne.

Les bons esprits désapprouvèrent ce dernier vers, prétendant que ce n'était ni la France, ni Paris qui avait couronné Voltaire ; mais que c'étaient des comédiens dans toute l'étendue de ce mot. On prit ce couronnement pour la farce, ou petite pièce qu'on donne après la tragédie.

———

Il se passa, à la place de Louis XV, une scène assez plaisante au sujet de Voltaire ; un charlatan y était, cherchant à vendre de petits livres où il enseignait des secrets de tours de cartes « En voici un, disait-il, messieurs, que j'ai appris à Fernay, de ce grand homme qui fait tant de bruit ici, de ce fameux Voltaire, notre maître à tous. »

———

Que pensez-vous de *l'Arioste?*
disait Voltaire à un abbé de ses
amis qui revenait d'Italie. — Que
c'est un grand poète. — « Un grand
poète! reprit vivement l'émule de
l'auteur du *Roland Furieux* : dites
donc que c'est le plus grand de
tous les poètes. »

Après la représentation du *Tem-*
ple de la Gloire, où Voltaire avait
peint Louis XV sous le nom de
Trajan, ce grand poète, plein d'enthousiasme, toucha le bras du roi,
en disant : *Trajan est-il content?*
Cette familiarité fit rire les courtisans et déplut au roi.

Voltaire, à son retour à Paris,
fut surpris du jargon qu'il trouva
dans la société, du despotisme
avec lequel s'érigeaient en juges les
hommes les plus faits pour être

jugés, de l'ignorante familiarité
des jeunes gens ; il fut sur-tout
blessé du *Calembourg* dont on
abusait en sa présence; (qu'aurait-
il dit aujourd'hui ?) il le regardait
comme le fléau de la bonne conversation, l'éteignoir de l'esprit. Il
avait engagé la spirituelle madame
du *Deffaut* à se liguer avec lui : « Ne
souffrons pas, lui disait-il, qu'un
tyran si bête usurpe l'empire du
grand monde. »

———

Ce poète se repentait d'avoir fait
Mahomet beaucoup plus méchant
qu'il ne le fut effectivement ; mais
il disait : « Si je n'en avais fait qu'un
héros politique, la pièce était sif-
flée. »

———

Ce poète parlait à un homme
de beaucoup d'esprit de l'énorme
difficulté de faire de bons vers
français. « Il y a eu pourtant,

ajouta-t-il, deux hommes du siècle dernier qui ont vaincu toutes ces difficultés. — Notre siècle, lui dit-on, en a produit un troisième. — Je vous entends, répondit-il; vous auriez dû compter encore M. de St.-Lambert et M. l'abbé Delille.

Un grand vicaire de *** fit un mandement sur un miracle prétendu du diâcre *Páris*, et en adressa un exemplaire à Voltaire, qui lui envoya *Alzire* avec ces quatre vers :

Vous m'envoyez un mandement,
Recevez une tragédie,
Afin que mutuellement
Nous nous donnions la comédie.

On sait qu'à quatre-vingt-quatre ans Voltaire passait des nuits à corriger sa tragédie d'*Irène*. Lorsque le moment d'enthousiasme était passé, il disait à ses amis : *Ne me trouvez-vous pas bien enfant ?*

Voltaire avait écrit à madame de Maurepas : « Si jamais M. Turgot cesse d'être ministre, je me ferai moine de désespoir. » Lorsqu'il fut en effet disgracié, et remplacé par M. de Clugny, madame de Maurepas somma Voltaire de tenir sa parole. « Rien n'est plus juste, madame, répondit-il ; je me ferai moine de Clugny. »

Voltaire dit un jour à J. B. Rousseau, avec lequel il fut intimement lié pendant un certain tems : J'ai changé mon nom d'Arouet en celui de Voltaire , afin de n'être pas confondu avec ce malheureux poète *Roi*.

Quand vous allez chez un ministre le matin , disait-il, demandez au valet-de-chambre des nouvelles de la garde-robe.

Tout le monde connaît ces vers de la *Henriade* :

Sur un autel de fer , un livre inexpli-
    cable
Contient de l'avenir l'histoire irrévo-
    cable.

Un des amis de Voltaire lui demanda un jour pourquoi cet autel
était de fer : « Eh ! morbleu ! répondit-il , voudriez-vous qu'il fût de
coton ? »

————

L'abbé Delille lut à l'académie ,
en présence de Voltaire , quelques
morceaux détachés d'un poëme de
sa composition , sur les jardins , et
la traduction de la célèbre épître
de Pope au docteur Arbuthnot. Ces
ouvrages intéressèrent vivement
Voltaire : il se rappelait les vers
anglais de Pope , les comparait
à la traduction , et se plaisait à

faire voir combien le poète français les avait embellis; c'était bien dire tout ce que notre poésie devait attendre des rares talens du célèbre traducteur des *Géorgiques*. Après de tels faits, accusera-t-on encore Voltaire d'avoir été jaloux du mérite des autres ? D'ailleurs, ne pourrait-on pas lui appliquer, avec la plus grande justice, ce vers de *Tancrède* :

De qui dans l'univers peut-il être jaloux?

Personne au monde n'a eu la prodigieuse facilité d'écrire en vers comme l'avait l'auteur de la *Henriade*. On lui a vu refaire plusieurs fois, et en peu de tems, le rôle de Cicéron dans *Rome sauvée*. On lui a vu faire deux fois le cinquième acte de *Zulime*, après avoir jeté au feu son ancien ma—

nuscrit. L'admirable *Zaïre* a été composée en dix-huit jours.

Voltaire dit, au sujet de l'ode de J. B. Rousseau *à la postérité :* « Cet ouvrage ne parviendra point à son adresse. » Telle fut la cause de l'inimitié qui régna depuis entre ces deux hommes célèbres.

Quelqu'un parlait à Voltaire de la mort de Lekin, et regrettait fort ce comédien. « Cela est bien plus fâcheux pour moi, reprit l'auteur de *Mahomet* ; c'est *Elie* qui perd son *Élysée.* »

En 1752, un jeune élève de l'École Militaire de Berlin, nommé Mignard, âgé de onze ans, curieux d'assister au spectacle du roi, écrivit à Voltaire, alors en Prusse, le billet suivant :

Ne pouvant plus gourmander
Le desir ardent qui m'anime,
Daignez, seigneur, m'accorder
Un billet pour voir *Nanine.*

Voltaire lui fit la réponse suivante :

Qui sait si fort intéresser,
Mérite bien qu'on le prévienne :
Oui, parmi nous viens te placer,
Et nous ferons qu'on t'y retienne.

En effet, l'enfant, dès le même soir, eut l'honneur d'être présenté au roi.

————————

Peu de tems avant sa dernière maladie, Voltaire vint voir, à table, le marquis de Villette, et après quelques momens du recueillement le plus sombre, il lui dit : « Vous êtes comme les rois d'Égypte qui, en mangeant, avaient

une tête de mort devant eux. » Il
disait, sur son arrivée à Paris : «Je
suis venu chercher la gloire et la
mort. » Il répondit à un artiste qui
lui présentait le tableau de son
triomphe : « C'est mon tombeau
qu'il me faut, et non pas mon
triomphe. »

Voltaire disait : « *Mahomet* n'est
que le Tartuffe les armes à la main. »
Il disait encore à propos des éditions multipliées de ses œuvres à
son insu : « Je me regarde comme
un homme mort dont on vend les
meubles. »

Voltaire faisait imprimer tout ce
qui sortait de sa plume, et multi-
pliait le plus qu'il pouvait les éditions de ses ouvrages. Un homme
d'esprit lui dit un jour en riant : Je
ne vous conseille pas de multiplier
si fort vos volumes ; on ne va point

à la postérité avec un si gros volume.

———

Voltaire, en parlant des caractères de *l'Orphelin de la Chine*, disait : « J'aurais fait mes Tartares plus Tartares encore, si les Français étaient moins Français. »

———

En parlant de l'Esprit des Lois, il a dit : « Le genre-humain avait perdu ses titres ; Montesquieu les a retrouvés et les lui a rendus. » Voltaire n'a pas toujours rendu justice à cet homme célèbre, et il a contredit plusieurs fois sa première pensée.

———

Voltaire estimait beaucoup la personne et les ouvrages du celèbre abbé Métastase ; lorsqu'on lui envoya, quelques tems avant sa mort le projet de la nouvelle édition de cet

illustre Italien : « Je desirerais, dit-
il à l'éditeur, que mon nom pût être
placé à la tête des souscripteurs, en
dépit de l'alphabet. »

———

Un homme connu emprunta,
pour ses besoins, seize mille liv. à
Voltaire, avec promesse de lui re-
mettre, au bout de quinze jours, un
contrat pour sa sûreté. Quinze
mois se passèrent sans que le prê-
teur fût nanti. Impatienté de ces
lenteurs qui avaient mauvaise
grace : « Monsieur, lui dit un jour
l'auteur de la *Henriade*, et d'un ton
brusque, je vous donne les seize
mille liv.; mais dorénavant je ne
vous prête pas un sou sans hypo-
thèque. » Le débiteur se piqua de
cette tournure, et rendit les seize
mille livres avec les intérêts.

———

Voltaire a dit très-énergique-
ment, à propos de l'auteur d'un mau-

vais libelle qui eut quelqu'espèce de vogue : « Il vaudrait beaucoup mieux être le laquais d'un bel-esprit, que le bel-esprit des laquais. »

Le chantre de Henri IV, toujours gai, même dans les plus grandes souffrances, écrivit à un prince qui le priait de venir à sa cour : « Je suis obligé, monsei- « gneur, de prendre médeciue « quatre fois par semaine; vous « jugez bien que, dans cet état, je « suis beaucoup plus digne de la « boutique d'un apothicaire que « de la cour d'un prince aimable. »

La Condamine adressa les vers suivans à Voltaire :

De jours si bien remplis les momens sont
       trop courts,
Ne me lisez jamais, mais écrivez tou-
       jours.

C'est à Voltaire seul d'écrire,

A nous de lire et de relire,

Jour et nuit, sa prose et ses vers :

Tous les momens où repose sa lyre

Sont dûs à Frédéric, le reste à l'univers.

Voici la réponse du philosophe de Ferney :

Grand merci, cher la Condamine,

Du beau présent de l'équateur,

Et de votre lettre badine,

Jointe à la profonde doctrine

De votre esprit calculateur.

Eh bien ! vous avez vu l'Afrique,

Constantinople, l'Amérique ;

Tous vos pas ont été perdus.

Voulez-vous faire enfin fortune ?

Hélas ! il ne vous reste plus

Qu'à faire un voyage à la lune :

On dit qu'on trouve en son pourpris

Ce qu'on perd aux lieux où nous sommes ;

Les services rendus aux hommes,

Et les bienfaits à son pays.

L'abbé Sabatier, de Castres, comparait Voltaire au grand Lama, dont on révère, dit-il, jusqu'aux excrémens.

Voltaire disait de Marivaux : « C'est un homme qui connaît tous les sentiers qui aboutissent au cœur humain, mais qui n'en sait pas la grande route. »

Lorsque mademoiselle Clairon fut à Ferney pour voir Voltaire, elle se jeta à ses genoux en arrivant : le poète se jeta aussi aux siens, et s'écria dans l'excès de sa joie : « Mademoiselle, à présent que nous sommes tous deux à terre, qu'allons-nous faire ? »

Les beaux vers, disait Voltaire, sont la musique de l'ame.

Il comparait la nation anglaise à un muids de cette forte bierre, qui lui sert de boisson. L'écume, disait-il, est au-dessus, la lie est au fond, et le milieu est excellent.

Il faisait un jour l'éloge du savant médecin Haller, devant un flatteur qui vivait aussi avec cet homme célèbre. Le flatteur dit, sur-le-champ, il s'en faut bien que M. Haller parle de vos ouvrages comme vous parlez des siens. Voltaire répliqua : « Il peut se faire que nous nous trompions tous deux. »

Lorsqu'on arrêta Voltaire à la porte de Francfort, il remit furtivement quelques papiers à son secrétaire, que celui-ci cacha dans sa culotte. Enfermé dans la chambre, le secrétaire fut curieux de savoir ce que c'était, et ne trouva qu'un nouveau chant de la *Pucelle*, et des morceaux de philosophie.

J'avais environ onze ans, dit Voltaire, lorsque je lus tout seul, pour la première fois, l'*Amphytrion* de Molière ; je ris au point de tomber à la renverse.

L'auteur des Trois Siècles déjeûnant un jour avec J. J. Rousseau, la conversation tomba sur Voltaire : « Il m'a fait, dit Rousseau, tout le « mal qu'un homme peut faire à un « autre homme; mais ensuite il m'a « bien vengé, par les sottises qu'il « m'a dites. » Il fut long-tems question de ce poète dans cette conversation; et Rousseau finit par dire : « Voltaire a enseigné aux hommes tant de vérités utiles, qu'on doit tirer le rideau sur ses faiblesses. »

Quelques personnes faisaient courir le bruit qu'*Alzire* n'était pas de Voltaire : Je le souhaiterais de tout mon cœur, dit un amateur éclairé. Et pourquoi, lui demanda-t-on ? C'est, répondit-il, que nous aurions un bon poète de plus.

———————

Voltaire écrivit un jour à quelqu'un qui le persécutait par ses lettres : « Je suis mort, monsieur ; « ainsi je ne pourrai plus désor-« mais avoir l'honneur de vous ré-« pondre. »

———————

Lekain fit connaître son talent sur un théâtre que Voltaire avait dans sa maison, rue Traversière. Il y joua successivement les rôles de *Séïde* et de *Mahomet*, et laissa percer le germe d'un grand talent, au milieu des nombreuses imperfections qui accompagnent les com-

mencemens du plus difficile des
arts.

D'après cet essai, l'auteur de
Zaïre lui demanda, avec amitié,
quel genre de vie il voulait embrasser, Lekain lui répondit qu'il
ne connaissait au monde d'autre
bonheur que celui de jouer la comédie; que le hasard le laissant
maître de ses actions, et jouissant
de 700 fr. de rente, il avait lieu
d'espérer, qu'en abandonnant le
commerce de son père (l'orfé-
vrerie), il ne perdait rien au
change, s'il pouvait être admis un
jour dans la troupe des comédiens
Français. « Ah ! mon cher ami, s'é-
« cria Voltaire, ne prenez jamais
« ce parti ; jouez la comédie pour
« votre plaisir , n'en faites jamais
« votre état : c'est le plus beau , le
« plus rare, le plus difficile des ta-
« lens ; mais.... pour Dieu, s'il vous

« est possible, ne montez jamais
« sur le théâtre. » Lekain ne suivit
pas le conseil de Voltaire ; il s'en
trouva bien, ainsi que le public qui
aurait perdu un des premiers talens
de la scène française.

Voltaire proposa un jour à Lekain de lui réciter quelques lam-
beaux des rôles qu'il avait déjà
joués. Celui-ci, sans trop examiner
la question, lui proposa assez mal-
adroitement de lui déclamer le
grand couplet de *Gustave*, au second acte. « Point, point de Piron,
dit-il avec une voix tonnante et ter-
rible, je n'aime pas les mauvais
vers ; dites-moi tout ce que vous
savez de Racine. » Cette réponse
de Voltaire marque plus d'inimitié
et de jalousie que de justice.

On a cru que c'était la pièce in-
titulée *les J'ai vu*, qui avait fait

7

mettre Voltaire à la Bastille. Il y a
cependant une autre tradition sur la
cause de sa détention, qui peut se
concilier avec les prétendus soup-
çons, au sujet des *Philippiques*. Voltaire était soupçonné d'une compa-
raison du régent et des princesses,
ses filles, avec Loth et ses filles,
et d'une prédiction sur la naissance
d'*Ammon* et de *Moab*. Le duc de
Brancas, un des favoris du régent,
alla, dit-on, voir Voltaire à la Bastille, lui fit des offres de service,
lui dit que le régent n'était nulle-
ment implacable, et lui conseilla
de se justifier ou de demander grace
en vers, selon qu'il se sentirait in-
nocent ou coupable. Voltaire fit
cette épigramme :

Non, monseigneur, en vérité,
Ma muse n'a jamais chanté
Ammonites ni Moabites ;
Brancas vous répondra de moi ;
Un rimeur sorti des Jésuites,

Des peuples de l'ancienne loi
Ne connaît que les sodomistes.

On connaît la célébrité que mademoiselle Dumesnil s'était acquise dans le rôle de *Mérope*, et
qu'elle a constamment soutenue
pendant vingt ans : cette même
célébrité ne fut cependant pas à
l'abri du sarcasme de Voltaire. Lorsqu'il fit répéter *Mérope* pour la première fois, il trouvait que cette fameuse actrice ne mettait ni assez
de force, ni assez de chaleur dans
le quatrième acte, quand elle invective *Polifonte*. « Il faudrait, lui
dit mademoiselle Dumesnil, avoir
le diable au corps pour arriver
au ton que vous voulez me faire
prendre. » Eh ! vraiment oui, mademoiselle, lui répondit Voltaire,
c'est le diable au corps qu'il faut
avoir pour exceller dans tous les
arts.

Voltaire disait alors une grande vérité.

Dans le tems que *Mérope* parut sur le théâtre, un bel-esprit subalterne, sortant extasié de la première représentation de cette pièce, entra dans le café de Procope, en s'écriant : « en vérité, Voltaire est le roi des poètes. » L'abbé Pellegrin qui y était, se leva aussitôt, et d'un air piqué, dit brusquement : eh ! qui suis-je donc, moi ?—« Vous...... vous en êtes le doyen, lui répondit le bel-esprit. »

———————

Zaïre fut d'abord reçue du public avec tous les applaudissemens qu'elle méritait ; mais la critique ne fut pas muette, et le poète, toujours inquiet, fatiguait les acteurs de ses corrections. Dufresne était devenu inexorable, inaccessible même ; sa porte ne s'ouvrait plus à Voltaire. Celui-ci ne glissait ses changemens que par la serrure; Dufresne ne les lisait point : mais un jour qu'il donnait un grand dîner à ses amis, arrive un pâté de perdrix, de la part de quelqu'un qui ne se nommait pas. La circonstance était heureuse; le pâté fut pris en bonne part, servi aux acclamations des convives, ouvert avec curiosité : qu'on se figure la surprise, à la vue de douze perdrix, tenant dans leur bec autant de billets qui renfermaient tous les vers à retrancher ou à substituer dans le rôle de *Dufresne*. Pour le coup, les corrections furent accueillies du comédien; c'était justement aux perdrix qu'il les aimait.

Adélaïde, tragédie de Voltaire, n'eut point de succès à la première représentation. Un plaisant du parterre avait empêché de finir Ma-

riamne, en criant: *la reine boit*; un
autre fit tomber *Adélaïde*, en ré-
pondant: *coussi, coussi*. A ce mot
si noble, si touchant de *Vendôme*:

Es-tu content, Couci?

_____

Le zèle de Voltaire contre la religion chrétienne, qu'il regardait
comme la cause du fanatisme qui
avait désolé l'Europe depuis sa naissance, de la superstition qui l'a-
vait abrutie, et comme la source
de tous les maux, doublait son ac-
tivité et ses forces. « Je suis las,
disait-il un jour, d'entendre répéter
que douze hommes ont suffi pour
établir le christianisme, et j'ai envie
de leur prouver qu'il n'en faut qu'un
pour le détruire. »

_____

On a fait souvent le reproche à
Voltaire de se répéter : « On dit que
je me répète, écrivait-il un jour ; je
me répéterai, jusqu'à ce qu'on se
corrige. »

— Le rapporteur de *Lalli*, accusé d'avoir contribué à la mort du chevalier *de la Barre*, écrivít une lettre à Voltaire, où, partagé entre la honte et l'orgueil, il s'excusait en laissant échapper des menaces; Voltaire lui répondit par ce trait de l'histoire chinoise : « Je vous défends, disait un empereur au chef du tribunal de l'histoire, de parler davantage de moi. » — Le mandarin se mit à écrire. — Que faites-vous donc, dit l'empereur ? — J'écris l'ordre que votre majesté vient de me donner.

————————

L'admiration de Voltaire pour M. Turgot perçait dans tous ses discours. C'était l'homme qu'il opposait à ceux qui se plaignaient à lui de la décadence de notre siècle, c'était à lui que son ame accordait son respect. On l'a vu se précipiter sur ses mains, les arroser de ses larmes,

les baiser malgré ses efforts, et s'é-
criant d'une voix entrecoupée de
sanglots : «Laissez-moi baiser cette
main qui a signé le salut du peuple.»

Dans la première visite que Franklin fit à Voltaire, il lui présenta
son petit-fils, en demandant pour
lui sa bénédiction : *God and li-
berty* (1)! dit Voltaire, voilà la
seule bénédiction qui convienne au
petit-fils de Franklin.

Le traducteur des Géorgiques,
que Voltaire avait déjà surnommé
si agréablement Virgile de Lille,
était à Ferney, lorsqu'on y apprit
la disgrace de M. Turgot. Voltaire
connaissait tout l'attachement de
l'abbé pour ce ministre; il lui ap-
pliqua à l'instant ce passage de

---

(1) Dieu et la liberté.

l'ode d'Horace à Virgile sur la
mort de Quintilius :

Multis ille bonis flebilis occidit,
Nulli flebilior quam tibi, Virgili !

« Quelle perte pour tous les gens
« de bien ; mais quel doit être affli-
« geante pour vous mon cher Vir-
« gile !........ »

————

On sait avec quelle hauteur Maupertuis déploya, dans l'académie
de Berlin, tout son despotisme
contre Kœnig, membre de cette
académie, sur une question où il
s'agissait de savoir si Léibnitz avait
pensé comme Maupertuis, sur un
principe de physique. Voltaire,
ami de Kœnig, mais surtout devenu
ennemi de Maupertuis, pris parti
pour le premier contre le second.
Le roi de Prusse qui, dit-on, ne se
souciait guère de Maupertuis, se
laissa persuader que son honneur
était intéressée à défendre le prési-

dent de son académie : il fit brûler
par le bourreau la diatribe du docteur Akakia, plaisanterie de Voltaire, qui avait fait rire Paris et
Berlin, et le roi lui-même, aux dé-
pens de Maupertuis, Voltaire ne
pouvant se dissimuler l'intention
que le roi avait eue de l'humilier,
lui renvoya sa clef, sa croix et le
brevet de sa pension, avec ces
quatre vers, qui n'étaient pas encore d'un ennemi :

Je les reçus avec tendresse ;
Je les renvoie avec douleur,
Comme un amant, dans sa jalouse ardeur,
Rend le portrait de sa maîtresse.

Après quelques feintes réconci-
liations, qui n'étaient que des pal-
liatifs, Voltaire obtint la permission, plusieurs fois refusée, d'aller
prendre les eaux de Plombières,
qu'il assurait être nécessaires à sa
santé ; mais il n'obtint cette permission que sous la promesse de

revenir ; promesse faite par un particulier expatrié, à un roi despote, qui faisait garder les frontières de ses états par cent cinquante mille hommes.

Arrivé à Francfort, hors des états du roi de Prusse, il y tomba malade ; madame Denis, sa nièce, qui était restée jusqu'alors en France, accourut, sur le bruit de sa maladie, pour lui rendre des soins ; elle le trouve prisonnier ; elle craint que quelque indiscrétion ne lui ait attiré ce traitement : la chose s'explique, un président du roi de Prusse à Francfort, nommé Freitag, déclare qu'il a ordre de retenir Voltaire jusqu'à ce qu'il ait rendu des effets précieux qu'il emportait au roi de Prusse ; Voltaire demande quels sont ces effets précieux ? Freitag répond, dans son baragoin, c'être, *monsir*, *l'œuvre de poeshie du roi, mon gra-cieux maître.* Voltaire l'eût rendu sur-le-champ, mais il était resté à Leipsick, parmi d'autres pa-quets; Freitag lui signa le billet suivant :

« *Monsir*, sitôt le gros ballot de « Leipsick sera arrivé ici, où est « l'œuvre de *poeshie* du roi, mon « maître, que sa majesté demande, « et l'œuvre de poeshie rendu à « moi, vous pouvez partir où vous « paraîtra bon. A Francfort, pre-« mier juin, 1758, *signé* Freitag, « président du roi, mon maître. »

Voltaire écrivit au bas du billet: *Bon pour l'œuvre de poeshie du roi, votre maître ;* de quoi, dit-il, le président fut fort satisfait.

Le 17 juin, le ballot arriva, fut remis au président, et Voltaire croyait n'avoir qu'à partir; on l'ar-

rête avec éclat, ainsi que sa nièce ;
on les mène dans une espèce d'hô-
tellerie, à la porte de laquelle
furent postés douze soldats ; « on
en mit quatre autres dans ma
chambre, dit Voltaire, quatre
dans un grenier où l'on avoit conduit ma nièce ; quatre dans un ga-
letas ouvert à tous les vents, où
l'on fit coucher mon secrétaire sur
de la paille. Ma nièce avait, à la
vérité, un petit lit ; mais ses quatre
soldats, avec la bayonnette au
bout du fusil, lui tenaient lieu de ri-
deaux et de femmes-de-chambre. »

Madame Denis avait cependant
un passe-port du roi de France ;
aucun des autres prisonniers n'é-
tait sujet du roi de Prusse, et d'ailleurs on n'était point dans les états
de ce prince. Cette détention n'a-
vait plus ni cause, ni prétexte,
c'était seulement une insulte que le

8 *

roi de Prusse avait voulu faire à cet homme qu'il avait tant aimé, et qui, s'en souvenant encore, répétait à tous ses amis : « Il a cent fois baisé cette main qu'il vient d'enchaîner. »

Nous ne nous étendrons pas davantage sur cette aventure.

(*Voyez la vie.*)

On sait que Voltaire n'était pas avare d'éloges, et qu'il suffisait de l'encenser pour en être encensé. Il écrivit un jour à de Belloy, au sujet de *Zelmire* : « Vous aimez le style de Racine, et vous avez vos raisons pour cela.... *vous joignez à la beauté des vers le mérite* de l'action théâtrale. » La beauté des vers de Belloy ! Mais ce qu'il y a de plus inconcevable, c'est que de Belloy rapporte cette lettre avec con-

fiance, comme un titre qui l'égale
à Racine.

O! de l'amour-propre étrange aveuglement!

Le nom de guerre de Voltaire,
parmi les philosophes, était *Raton :*
celui de ses lieutenans, *Bertrand.*
La philosophie avait - elle besoin
d'un pamphlet bien assaisonné ,
bien cynique, contre quelque ministre de la religion , c'était *Raton*
qui le faisait. Il disait pourtant
quelquefois à ses *lieutenans : «mes
chers Bertrands, vous me faites si
souvent tirer les marrons du feu ,
qu'à la fin vous me ferez griller les
ongles.*»On sait que toutes ses lettres
à d'Alembert étaient déterminées
par ces deux lettres I. , qui si-
gnifient : *écrasez l'infâme* (la religion crétienne.)

———

Toutes les fois qu'on apportait
à VOLTAIRE qu'elqu'ouvrage de
THOMAS, dont on connaît le style

boursoufflé, il ne manquait jamais de dire : « *ah ! voilà du* GALI-THOMAS. »

———

L'auteur d'une ode sur la mort de Voltaire, après avoir déploré la perte de ce grand-homme, dans les strophes les plus touchantes, finit par lui élever un mausolée champêtre.

Des lauriers enlacés, par leur ombrage utile,
En défendront l'aspect à l'envie en fureur,
Et seront respectés, comme ceux de Virgile,
Par le tems destructeur.

Il parut une quantité incroyable d'odes, de poëmes, d'épitaphes sur la mort de Voltaire ; mais parmi cette prodigieuse multitude de mauvais vers, nous avons lu une ode qui mérite réellement ce nom, et qui est la meilleure pièce qui ait paru à cette époque. Elle finissait ainsi :

Et d'avoir enfanté *Voltaire*,
Les siècles se reposeront.

Un jour que le public entourait *Voltaire* sur le Pont-Royal, une femme du peuple, à qui on demanda qui était cet homme qui traînait la foule après lui, répondit : « *Ne savez-vous pas que c'est le sauveur de Calas ?* » Il sut cette réponse, et au milieu de toutes les marques d'admiration qui lui furent prodiguées, ce fut ce qui le toucha le plus.

___

Voltaire, implacable ennemi des parlemens, préférait un seul maître à plusieurs; il disait à cette occasion: « *J'ai les reins peu flexibles, je consens à faire une révérence, mais cent de suite me fatiguent.* »

___

Au mois d'avril 1762, Voltaire eut la fantaisie de faire jouer, sur

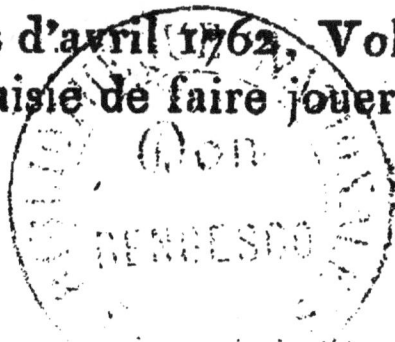

son petit théâtre, sa tragédie de l'*Orphelin de la Chine*. Le libraire *Cramer* s'était exercé, avec le duc de *Villars*, sur le rôle de *Gengis*. Il n'y a personne qui ne soit instruit de la prétention de ce grand seigneur pour bien enseigner à jouer la comédie. Aussi fit-il de son élève *Cramer* un froid et plat déclamateur; et c'est ce dont *Voltaire* ne tarda pas à s'apercevoir. Il se mit donc à le persiffler, et promit de le tourmenter jusqu'à ce qu'il eût changé sa diction. Le fidèle Genevois fit des études incroyables pour oublier tout ce que son maître lui avait appris, et revint au bout de quinze jours à Ferney, pour répéter de nouveau son rôle avec *Voltaire*, qui, s'apercevant d'un grand changement, s'écria avec joie à madame *Denis* : « *Ma nièce, Dieu soit loué! Cramer a dégorgé son duc.* »

On ne sera pas fâché de voir ici le portrait qu'un homme d'esprit, admirateur des talens de Voltaire, a tracé, en vers, de cet homme célèbre :

Raphaël pour le trait, Rubens pour la
      couleur,
De la prose et des vers possédant la magie,
Ecrivain très-sensible, et très-malin
      railleur,
    Dans le vaste champ du génie
  De chaque genre il a cueilli la fleur :
Le rire est son secret, son arme est la
      saillie :
Que de fois, dans ces riens, dont il est
      créateur,
Déguisant la raison sous l'air de la folie,
Sans en prendre le ton, il fut législateur ;
Sachant tout embrasser, sans peine il
      associe
Le compas de Newton aux pompons
     d'Émilie :
Même après Lafontaine il est joyeux
     conteur :

Même après l'Arioste il charme l'Italie :

Il s'élève, descend, gaîment se multiplie.

Plein de grace ou de nerf, de souplesse et
d'ardeur ,

Il plane en aigle, en serpent se replie ;

Au Plaute des français laisse la profondeur,

Et va d'un fard brillant enluminer Thalie.

Plus piquant que fidèle , agréable et
trompeur ,

Par ses jolis romans l'histoire est
embellie :

Bien loin de se montrer scrupuleux
narrateur

Des sottises qu'il apprécie ,

Toujours en philosophe il ment à son
lecteur ,

Qu'avec la vérité si souvent on ennuie :

Et rival des anciens , autant qu'imitateur,

Dans l'épopée ou dans la tragédie ,

Ornant ce qu'il dérobe , il est plus
qu'inventeur.

Un lyonnais, étant aux *Délices*, parut étonné de trouver la Bible entre les mains de *Voltaire : je suis*, lui dit le philosophe, *comme un plaideur qui a un grand procès : j'examine les pièces de ma partie adverse.*

————

Ce fut le lendemain de sa prétendue confession à l'abbé *Gautier*, que Voltaire recommença les répétitions d'*Irène*, dont il n'avait pas trop bonne opinion, et c'est à ce sujet qu'il dit plaisamment : *Il serait triste pour moi de n'être venu à Paris que pour être confessé et sifflé.*

————

Quoique malade, *Voltaire* recevait chez lui les acteurs et les actrices qui devaient représenter *Irène*. C'était devant son lit qu'on en faisait les répétitions. Est-il vrai, lui demanda un jour madame

Vestris, que vous avez retouché mon rôle. *Il est vrai*, répond le philosophe , *que j'ai travaillé pour vous toute la nuit comme un jeune homme de vingt ans.*

Madame la duchesse de ***, à qui *Voltaire* présenta *Belle et Bonne*, le félicitait de l'avoir mariée. *Je m'en félicite aussi*, répondit-il, *car j'ai fait deux heureux et un sage.*

Guilbert, auteur estimable d'un ouvrage sur la tactique, après un séjour de cinq jours à Ferney, se retirant avec le regret de n'avoir point vu Voltaire, lui envoya ces quatre vers :

Je comptais en ces lieux voir le dieu du
génie,
L'entendre, lui parler, et m'instruire en
tout point :

Mais, c'est comme *Jésus* en son Eucha-
ristie,
On le mange, on le boit, et l'on ne le voit
point.

Guilbert, comme on peut le pen-
ser, fut aussitôt rappelé et fort ac-
cueilli.

———

Le premier jour qu'il entra en
fonction de sa charge de gentilhomme de la chambre, il se présenta à la table que ces gentilshommes avaient à la cour, pendant
leur service, et ne fut point reconnu.
En sortant de table, on parlait du
mariage d'un jeune seigneur avec la
fille d'un fermier-général. Les uns
disaient que la cérémonie de la bénédiction nuptiale devait se faire à
l'hôtel des Fermes : les autres assu-
raient le contraire, attendu, di-
saient-ils, que, dans cet hôtel, il
n'y a point de chapelle. *Par-*
donnez-moi, messieurs, leur dit

Voltaire, *il y a la chapelle du mauvais larron.* On rit, on se regarde, et l'on ne sait que c'est Voltaire qui a fait cette plaisanterie, qu'après qu'il s'est dérobé à la curiosité des gentilshommes ordinaires de la chambre.

———

On a attribué mal-à-propos à J.-J. Rousseau le quatrain suivant, fait contre Voltaire peu de jours avant sa mort.

> Plus bel-esprit que grand génie,
> Sans loi, sans mœurs et sans vertus,
> Il mourra comme il a vécu,
> Couvert de gloire et d'infamie.

———

Revenant un soir d'une représentation de *Brutus*, Voltaire apprend qu'un bâtiment nommé aussi *Brutus*, chargé pour son compte, et qu'il croyait naufragé, était arrivé à Marseille : « Puisque le Brutus de « Barbarie est retrouvé, dit-il à

« son facteur, consolons-nous du
« peu d'accueil qu'on fait au Brutus
« de l'ancienne Rome ; il viendra
« peut-être un tems où on lui ren-
« dra justice. »

Voltaire disait du comte d'*Ar-
gental*, qui depuis cinquante ans
prenait intérêt à sa gloire, et veil-
lait à sa sûreté, *qu'il était né pour
faire du plaisir*, comme Rameau
pour faire de la musique.

Après son séjour en Prusse, Voltaire conserva pendant quelques
mois une espèce de mélancolie,
mais il ne se permit jamais des
plaintes trop amères.

Croyez-moi, je renonce à toutes les chi-
      mères
   Qui m'ont pu séduire autrefois.
Les faveurs du public et les faveurs des
      rois
   Aujourd'hui ne me touchent guères.

9

Le fantôme brillant de l'immortalité
Ne se présente plus à ma vue éblouie.
Je jouis du présent : j'achève en paix ma
vie
Dans le sein de la liberté :
Je l'adorai toujours et lui fus infidèle.
J'ai bien réparé mon erreur :
Je ne connais le vrai bonheur
Que du jour où je vis pour elle.

Voltaire envoyait de tems en tems, de Cirey où il était alors, à d'Arnaud, de petites sommes d'argent pour lui fournir les moyeus d'aller au spectacle. Baculard ayant voulu rendre ensuite cet argent à Voltaire, celui-ci répondit « que « c'était une bagatelle, et qu'un « enfant ne rendait pas des dragées « à son père »

Un jeune littérateur parlait un jour avec beaucoup de légèreté de Boileau et de Racine, en présence de Voltaire. « Doucement, jeune « homme, répondit-il, Jean et « Nicolas sont nos maîtres; res- « pectez-les et tâchez de les imi- « ter. » Le jeune homme ayant voulu appuyer son sentiment par le jugement d'un académicien soup- çonné d'estimer peu ces deux grands poètes « *Aussi*, répliqua Voltaire, *ses vers jettent un beau coton.* »

Une demoiselle, devant qui Vol- taire se tenait debout, le priant de s'asseoir, il lui dit : « *Non, made- moiselle, je suis le parterre, et je vois une jolie pièce.* »

Trois dames très-aimables vou- lurent être présentées à Voltaire, qui les supplia de s'asseoir ; *les Grâces,* leur dit notre philosophe qui se piquait toujours de galante- rie, *sont fort bien debout ; mais elles sont encore mieux assises.*

Un jeune homme, qui se disposait à étudier en médecine, fit part de son dessein à Voltaire « Qu'allez-vous faire, lui dit-il en riant? Vous mettrez des drogues que vous ne connaîtrez point dans un corps que vous connaîtrez encore moins. »

―――――

Il disait de la *Poétique* de Marmontel, dont il n'estimait point les poésies : « Il ressemble à Moyse, qui conduisait les autres à la terre promise, quoiqu'il n'y entrât jamais. »

―――――

Les visites impatientaient Voltaire, et sur-tout les questions éternelles des visiteurs ; aussi répondit-il à un citoyen de Genève, qui voulait, chaque fois qu'il venait aux Délices ou à Ferney, le mettre à la presse : « Je vous annonce, M. que je ne sais pas un mot de tout ce que vous allez me demander. »

La duchesse de Luxembourg ayant dit chez elle, en présence des personnes les plus distinguées, je souhaiterais de grand cœur que nos différens avec l'Angleterre pussent s'accommoder.— Madame, répondit Voltaire qui était présent, en montrant l'épée du maréchal de Broglie, voilà ce qui arrangera tout.

———

Le peu de succès qu'eut la *princesse de Navarre*, tragédie de Voltaire, attira à son auteur l'épigramme suivante. Nous la rapportons ici, non comme une insulte faite à la mémoire de ce grand-homme, mais comme un exemple d'une épigramme qui, sans blesser le moral de l'individu, renferme le sel d'une bonne plaisanterie.

Quand vous mettiez dans vos ouvrages
De l'esprit et du sentiment,
Les quarante agissaient avec dicernement.

En vous refusant leurs suffrages,
Ils n'ont plus la même raison :
Aujourd'hui rien ne nous sépare :
Votre *princesse de Navarre*
Vous remet tous à l'unisson.

———

Lorsque Voltaire arriva à Paris, M. Turgot s'empressa de le venir voir. La goutte tourmentait ce jour-là l'ex-ministre, et ne lui laissait pas l'usage libre de ses jambes. Après les premiers complimens, Voltaire se tournant vers la compagnie, dit : « En voyant M. Turgot, j'ai cru voir la statue de Nabuchodonosor. » — Oui, les pieds d'argile, répondit le ministre... — Et la tête d'or ! la tête d'or ! répliqua Voltaire.

———

Quand Piron dit à Voltaire, après la représentation de *Sémiramis*, qui avait été hautement critiquée par une partie des specta-

teurs, vous voudriez bien que je
l'eusse faite ?—Oui, répondit Voltaire, je vous aime assez pour cela.

Un homme-de-lettres ayant re-
fait quelques vers dans la tragédie
d'Irène, les porta à Voltaire. Pirroneau, qui a bâti le magnifique
pont de Neuilly, était présent.
« Ah! M. Pirroneau, lui dit Voltaire, que vous êtes heureux de ne
pas connaître monsieur ! il aurait
ajouté une arche à votre pont. »

L'histoire d'Angleterre lui paraissait si souillée de scènes horri-
bles, qu'il disait : « C'est au bourreau à l'écrire, puisque c'est lui
qui a terminé presque toutes leurs
querelles. »

Un homme d'esprit, en arrivant
à Ferney, dit à Voltaire :

Hic est Mecenas Virgiliusque simul.

Notre illustre poète lui répondit :
et ce ne serait pas encore trop
pour vous recevoir.

———————

Ce que disait Voltaire, de la
précocité de ses talens, et de son
goût pour tous les arts, doit d'autant plus entrer dans son portrait,
qu'il a parlé d'après la vérité.

Apollon présidait au jour qui m'a vu
      naître :
Au sortir du berceau, j'ai bégayé des
      vers.
. . . .
Bientôt ce Dieu puissant m'ouvrit son
      sanctuaire :
Mon cœur vaincu par lui, se rangea sous
      sa loi.
D'autres ont fait des vers par le desir d'en
      faire,
Je fus poète malgré moi.
Tous les goûts à-la-fois sont entrés dans
      mon ame,
Tout art a mon hommage, et tout plaisir
      m'enflamme.

Lorsque la souscription de l'édition de Corneille, faite au profit de sa petite-nièce, fut ouverte, la compagnie des Fermes prit 60 exemplaires ; ce qui lui fit dire, dans *Babouc*, en parlant des financiers, « que ces gros nuages, enflés de la rosée de la terre, lui rendaient en pluie ce qu'ils en recevaient. »

Dès que *Voltaire* eut commencé d'étudier la philosophie de Newton, il se crut très-supérieur à J.-B. Rousseau, qu'il eut l'injustice de n'appeler qu'un *faquin de versificateur.* « Rousseau, disait-il, me méprise. parce que je néglige quelquefois la rime, et moi je le méprise, parce qu'il ne sait que rimer. »

Voltaire regardait Racine comme le modèle des poètes, et Massillon comme celui des prosateurs. Aussi avait-il toujours, sur sa table de nuit, *Athalie* à côté du *Petit Carême.*

Comme on trouvait mauvais que Voltaire prit, pour plusieurs de ses tragédies. des sujets déjà traités par Crébillon, et en particulier celui de *Sémiramis*, le *poète-roi* fit, à cette occasion, des vers qui ne sont pas une épigramme, ni bien justes, mais qui ont le mérite d'être bien tournés.

Si *Quinault* vivait encor,
Loin d'oser toucher sa lyre,
Je ne me ferais pas dire
De prendre ailleurs mon essor.
Usurpateur de la scène,
Petit bâtard d'Apollon,
Attendez que Melpomène
Soit veuve de *Crébillon.*

L'abbé Nadal, qui avait fait une

tragédie de Mariamne , critiqua si durement, dans la préface de la sienne, celle de Voltaire, et il ramena sur la scène, Thiriot, ami de notre illustre tragique, qui, *en facteur de bel esprit, portait le génie de Voltaire sous le manteau.* Celui-ci ne répondit point à ces injures ; mais lorsque Titon du Tillet eut fait exécuter en bronze *le Parnasse Français,* et qu'il y eut placé avec les grands poètes de la nation quelques versificateurs médiocres, Voltaire lui proposa de joindre à ces messieurs l'abbé Nadal.

Dépêchez-vous, monsieur *Titon ;*
Enrichissez votre Hélicon,
Et placez sur un piédestal
Danchet, Saint-Didier et *Nadal.*
Qu'on voie, armés du même archet,
Saint-Didier, Nadal et *Danchet,*
Et couverts du même laurier
Danchet, Nadal et *Saint-Didier.*

Lorsque Voltaire fit imprimer, à Paris, ses Élémens de la philosophie de Newton, mis à la portée de tout le monde, qu'il avait d'abord publiés en Hollande, il s'en réserva 150 exemplaires, qu'il fit distribuer à Paris aux principaux magistrats et à divers savans capables de juger ce livre. L'abbé Desfontaines, en l'annonçant, joignit à quelques éloges une remarque maligne. Il prétendit à la fin de son analyse que, parmi les fautes d'impression qui s'y trouvaient, il y en avait une très-essentielle à corriger; et qu'au lieu de lire au titre : « Élémens de la philosophie de Newton, mis à la portée de tout le monde., il fallait lire : mis à la porte de tout le monde. »

————————

Votre nation, comme votre langue, disait un jour Voltaire à

un Anglais, et un galimathias composé de plusieurs autres. Quand je vois un de vos compatriotes aimant les procès et un peu rusé, je dis : « Voilà un normand qui est venu avec Guillaume le conquérant. » Quand je vois un homme doux et poli : « En voilà un qui est venu avec les plantagenètes. » — Un brutal : « Voilà un danois. »

On écrivit à Voltaire, après ses disputes avec Labeaumesle, que cet écrivain se proposait de le poursuivre jusqu'aux enfers. « Il est le maître, répondit-il, d'y aller quand il voudra ; il a assez bien mérité ce gîte. »

On sait que Voltaire était comme Horace, *irasci colerem*, et même beaucoup plus que Horace ; car sa colère allait quelquefois jusqu'à l'emportement. Le nom de Fréron suffisait pour l'exciter. Un ami qui était allé le voir à Ferney, lui dit un jour à la suite d'une conversation sur l'auteur de l'Année littéraire : « Vous ne voudriez donc pas le recevoir, s'il venait chez vous ? » —Que me dites-vous là, répondit Voltaire ? Je le ferais chasser. — Mais enfin, répartit l'ami, s'il vous rendait visite, ne serait-ce pas un hommage qu'il rendrait à votre génie ? — Eh bien ! s'il y venait, répondit Voltaire après un moment de réflexion, je lui ferais donner le meilleur lit du château. »

———————

Un moment d'impatience et d'humeur, en voyant madame D** arranger son visage, lui valut cette apostrophe de la part de Voltaire :

Si par hasard, pour argent ou pour or,
A vos boutons vous trouviez un remède,
Peut-être vous seriez moins laide,
Mais vous seriez bien laide encore.

Malgré son enthousiasme pour l'Angleterre, Voltaire avouait qu'il y avait beaucoup d'hommes insociables et de caractères atrabilaires. Il dit un jour à lord Littleton.

Fier et bizarre Anglais, qui, des mêmes couteaux,
Coupez la tête aux rois, et la queue aux chevaux.

Quelqu'un dit un jour à Voltaire: pourquoi flattez-vous tant de petits talens ? Ces auteurs, déjà si vains, en perdront la tête.—« Que voulez-vous que je fasse, répondit-il, je n'ai que ce moyen de me débarrasser d'eux. Voulez-vous que je leur dise qu'ils ne sont que des étourneaux, tandis qu'ils se croient des aigles ? Ils ne me croiraient pas, et j'aimerais leur amour-propre contre moi. »

Dans toutes les éditions des œuvres de Voltaire, il se trouve un grand nombre de pièces qui ne sont pas de lui. Aussi disait-il quelquefois : « On fait mon inventaire, quoique je ne sois pas encore mort, et chacun y glisse ses meubles pour les vendre. »

———————

Une dame, qui était d'une jolie figure et pleine d'agrémens, vantait beaucoup l'esprit de Voltaire. Ce poëte lui répondit : « Je sais, madame, que vous vous connaissez en esprit ; mais je me connais un peu en graces, et j'admire les vôtres. »

———————

Un jour qu'on faisait une répétition de son *Irène*, chez le marquis de Villette, une célèbre actrice récitant son rôle trop négligemment, Voltaire lui dit : En vérité, mademoiselle , ce n'est pas la peine de vous faire des vers de six pieds , pour que vous en mangiez trois. »

Il plaisantait souvent , avec raison , sur le style de certains auteurs boursoufflés , qui accompagnent chaque mot d'une épithète, souvent plus sonore qu'expressive : « Si l'on pouvait du moins , disait-il , faire entendre à ces messieurs que dire trop , c'est affaiblir , et que l'adjectif est souvent le plus grand ennemi du substantif, encore qu'ils s'accordent en nombre , en genre et en cas. »

Un jour qu'il se promenait dans son jardin, avec un gentilhomme de Genève, celui-ci apercevant un crapaud , lui dit : « Voilà un Fréron. « —Que vous a fait ce pauvre animal, répondit Voltaire , pour le traiter ainsi ? »

Il comparait les faiseurs de sys-
têmes aux danseurs de *menuet*, qui
sont dans un mouvement continuel
sans avancer d'un pas, et finissent
par revenir à la même place d'où
ils sont partis.

Nous croyons, disait Voltaire,
que l'auteur d'un bon ouvrage doit
se garder de trois choses : du *titre*,
de *l'épître dédicatoire* et *de la préface* Cependant ce philosophe a
donné les titres les plus bouffons à
ses ouvrages ; il a fait quatorze
épîtres dédicatoires et onze pré-
faces : on aurait pu lui répondre :
TU ES ILLE VIR.

A propos du mot *invoquer la loi*,
il disait que ceux qui s'en servaient
auraient besoin d'*invoquer le bon
goût.*

Un amateur avait écrit , sur l'exemplaire de la *Henriade* qui était dans la bibliothèque de Voltaire , ces deux vers :

Enée eut son Virgile, Achille eut son Homère:

Bourbon, non moins heureux, a rencontré Voltaire.

Voltaire effaça le second , et y substitua :

Jeanne , non moins heureuse, a rencontré
Voltaire.

———————

Voltaire riait quelquefois de tous ces petits rimeurs, qui vantent un souper agréable en mourant de faim , et qui se donnent la torture pour chanter l'oisiveté. Il ne les a pas oubliés dans le *Pauvre Diable*.

Ma triste voix chantait, d'un gosier sec,
Le vin mousseux, le frontignan, le grec,

Buvant de l'eau dans un vieux pot à bierre:

. . . .

Faute de bas, passant le jour au lit,
Sans couverture, ainsi que sans habit,
Je frédonnais des vers sur la paresse :
D'après *Chaulieu*, je vantais la molesse.

On compte sept écrivains auxquels Voltaire a dit ou écrit séparément : « Je vois en vous mon héritier. Vous me remplacerez. Vous serez mon successeur. Vous ferez valoir mon héritage. Vous recueillerez ma succession. » Parmi ces auteurs, quelques-uns marchaient à quelques égards sur ses traces; mais certainement, il n'y avait pas sept Voltaire en France.

Voltaire ayant rendu visite à une dame qui était très-belle, lui dit:

Vos rivales sont le chef-d'œuvre de l'art; vous êtes le chef-d'œuvre de la nature.

———

Voltaire a très-bien peint la société de la plupart des femmes, dans *sa Vie de Paris et de Versailles.*

. . . . Quelques feintes caresses,
Quelques propos sur le jeu, sur le tems,
Sur un sermon, sur le prix des rubans,
Ont épuisé leurs ames excédées :
Elles chantaient déjà, faute d'idées.

Ce dernier vers est pittoresque et vrai tout à la fois; c'est le dernier coup de pinceau du maître.

———

Voltaire composa l'épigramme suivante sur la traduction de *Jérémie, par Lefranc de Pompignan.* Il y a de la gaîté et de la justesse.

Savez-vous pourquoi Jérémie
A tant pleuré pendant sa vie ?

C'est que dès-lors il prévoyait
Que *Pompignan* le traduirait.

Quelques personnes ont prétendu
depuis que cette épigramme fut
lancée contre Baculard d'Arnaud,
auteur d'une traduction en vers des
lamentations de Jérémie.

Après avoir parcouru à Berlin
un gros recueil de mauvais vers,
faits sur la naissance du duc de
Bourgogne, il s'écria :

Rejeton de cent rois, espoir fragile et
tendre
D'un héros adoré de nous,
Que vous êtes heureux de ne pouvoir
entendre
Les mauvais vers qu'on fait pour vous!

Lorsque son secrétaire lui apportait ses lettres, il y avait toujours des gens qui réclamaient ses

bons offices : « Est-ce que je m'intéresse à monsieur un tel ? — Oui,
monsieur, vous lui avez déjà écrit
que vous souhaitiez lui rendre service. — Mais, parlez-moi clair,
est-ce que je m'y intéresse beaucoup ? — Oui, monsieur. — Dans
ce cas, répondez avec chaleur. »

QUATRAIN.

Nous tromper dans nos entreprises,
C'est à quoi nous sommes sujets :
Le matin je fais des projets,
Et le long du jour des sottises.

Il dit un jour à un acteur qui
avait de la voix, mais qui, man-
quant d'intelligence, prononça
d'un ton plat ces vers :

Mahomet marche en maître, et l'olive à
la main :
La trève est publiée, et le voici lui-même.

« Oui, Mahomet arrive ; mais vous l'annoncez comme si vous disiez : *rangez-vous, voilà la vache !* »

Quoiqu'il n'aimât pas les calembourgs, il se permettait les jeux de mots dans sa conversation et dans ses lettres, sur-tout lorsqu'ils exprimaient plus promptement et plus énergiquement sa pensée.

Il dit, à propos d'un faux calcul sur un massacre affreux, qu'on exagérait encore : *quelle erreur ! quelle horreur !*

La vie est pleine de langueurs et d'horreurs.

L'Hôtel-Dieu est trop souvent *hôtel de mort.*

Soutenons nos opinions *sans suffisance,* à cause de notre *insuffisance.*

Le roi de Prusse est un homme à *grandes actions* et à *bons mots.*

Nonotte n'a pas *assez d'oreilles*
ou a *trop d'oreilles.*

———

Il consolait ainsi une demoiselle
qui, à l'âge de dix-sept ans, avait
déjà des cheveux blancs :

> . . . . . Ils sont comme vos talens ,
> Ils sont venus avant le tems,
> Et comme eux ils croîtront encore.

———

Madame Duchâtelet mourut, en
1749, des suites d'une couche. A
sa mort, Voltaire, qui croyait
qu'elle conservait un portrait de
lui, en miniature, caché sous le
chaton d'une bague, cherchait cu-
rieusement cette bague avec M. Duchâtelet, qu'il voulait empêcher de
l'examiner de près La bague se
trouve : il insistait pour la prendre ;
mais le mari la tenait, et, par hasard, il avait trouvé tout de suite le

secret. Le portrait paraît. Voltaire, un peu embarrassé, s'approche, et voit qu'au lieu du sien c'est celui de Saint-Lambert. « Croyez-moi, dit-il à M. Duchâtelet, ne nous vantons de ceci ni l'un ni l'autre. »

———————

On sait que Voltaire fut nommé à l'emploi d'*historiographe* de France. On sait aussi le mot d'un commis des finances, au sujet de Boileau et de Racine, chargés précédemment du même emploi : *Nous n'avons encore vu de ces messieurs que leur signature* ; ce commis aurait voulu, sans doute, qu'ils eussent fourni chaque année un volume de flatteries. Voltaire parut adopter le mot du commis, lorsqu'il a dit :

.... Je me garde bien
De ressembler à ce grand satirique ;

De son héros discret historien,
Qui, pour écrire en style véridique,
Fut bien payé, mais qui n'écrivit rien.

Alzire fut jouée sur le théâtre de Ferney, en 1764 ; M. de la Harpe, qui était un des acteurs, prononça, avant la représentation, des vers à la louange de Voltaire, qui,

Vainqueur à son dernier moment,
Baissant sous ses lauriers sa tête appesantie,
Exhalait dans la joie et le ravissement
Les restes brillans de sa vie.

Il reçut, pour réponse, ces quatre vers du philosophe de Ferney :

Des plaisirs et des arts vous honorez
l'asyle ;
Il s'embellit de vos talens :
C'est *Sophocle* dans son printems,
Qui couronne de fleurs, la vieillesse
d'*Eschile*.

Nous présumons que M. de la Harpe n'a pas pris ces quatre vers à la lettre, mais seulement pour un de ces complimens familiers à Voltaire, et qu'il distribuait sans faire beaucoup d'attention aux personnes auxquelles il les adressait.

Quatrain fait, par Voltaire, pour être mis au bas du portrait de la marquise Duchâtelet.

C'est ainsi que la vérité,
Pour mieux établir sa puissance,
A pris les traits de la beauté
Et les graces de l'éloquence.

Vers à la Mettrie, écrits sur une carte.

Je ne suis point inquiété,
Si notre joyeux *Lamettrie,*
Perd quelquefois cette santé
Qui rend sa face si fleurie :

Quelque peu de gloutonnerie
Avec beaucoup de volupté,
Sont les deux emplois de sa vie;
Il se conduit comme il écrit,
A la nature il s'abandonne,
Et chez lui, le plaisir guérit
Tous les maux que le plaisir donne.

———

Voltaire appelait sa *Rome sauvée*, *Cicéron vengé*. « Il est bien juste, disait-il, qu'on le venge de ce barbare Crébillon, qui le fait parler comme il parle. »

———

Voltaire, harangué par les comédiens français, lors de son dernier voyage à Paris, leur répondit : « Je ne vis plus que par vous et pour vous. » En leur parlant ainsi, Voltaire entendait qu'il avait besoin d'eux pour sa tragédie d'Irène.

Louis Racine, dans ses Mémoires sur la vie de son père, se mit à la torture pour prouver que jamais Jean Racine n'avait été amoureux de mademoiselle Champmêlé. Ce qui fit dire à Voltaire, avec un peu de malignité : « Il a beau faire, il ne déshonorera pas son père. »

Inscription pour la statue de l'Amour.

Qui que tu sois, voici ton maître;
Il le fut, il l'est ou va l'être.

Tout le monde connaît ce vers sublime :

Si Dieu n'existait pas, il faudrait l'inventer.

Voltaire, qui en est l'auteur, écrivit à un grand prince, au sujet de ce vers : « C'est, de tous les vers

médiocres que j'ai jamais faits, le
moins médiocre, et celui dont je
suis le moins mécontent. » L'encyclopédie, qui pense quelquefois à
rebours, a découvert dans ce vers
une preuve de l'athéisme de Voltaire.

Voltaire s'expliquait ainsi sur
Montaigne et Charron :

> *Montaigne*, cet auteur charmant,
> Tour à tour profond et frivole,
> Dans son château, paisiblement,
> Loin de tout frondeur malévole,
> Doutait de tout impunément,
> Et se moquait très-librement
> Des bavards fourrés de l'école ;
> Mais, quand son disciple *Charron*,
> Plus retenu, plus méthodique,
> De sagesse donna leçon,
> Il fut près de périr, dit-on,
> Par la haine théologique.

Maupertuis et Clairaut furent envoyés par l'académie en Laponie, pour déterminer la figure de la terre. Ce fut à ce sujet que Voltaire, en s'égayant sur ce voyage, fit les vers suivans :

Maupertuis et *Clairaut*, dans leur docte fureur,
  Vont geler aux pôles du monde.
Je les vois d'un degré mesurer la longueur,
  Pour ôter au peuple rimeur
  Ce beau mot de machine ronde,
Que nos flasques auteurs, en chevillant leurs vers,
Donnaient à l'aventure à ce plat univers.
Les astres étonnés, dans leur oblique course,
Le grand, le petit chien, et le cheval et l'ourse,
Se disent l'un à l'autre, en langage des cieux ;
Certes, ces gens sont fous, ou ces gens sont des dieux.

Impromptu à mademoiselle de Charolois, peïnte en habit de cordelier.

Frère Ange de *Charolois*,
Dis-nous par quelle aventure
Le cordon de Saint-François
Sert à Vénus de ceinture?

Voltaire, qui sut qu'on chantait ces vers sur l'air de *Robin-ture-lure*, y ajouta les couplets suivans :

Beau Saint-François, ne souffrez pas
Qu'on perce vos mains délicates :
Dites à l'ange : c'est plus bas
Qu'il faut appliquer les stigmates.

Invitation à Bernard, auteur de *l'Art d'aimer.*

Au nom du Pinde et de Cythère,
Gentil Bernard, sois averti
Que l'art d'aimer doit samedi
Venir souper chez l'art de plaire (1)

---

(1) La marquise Duchâtelet.

12

Voltaire disait de madame Dacier : « Elle fuit les graces, et les graces la fuyent. »

———————

Un officier de marine, dont les sentimens religieux étaient connus, disait beaucoup de mal de la Pucelle, devant le comte de ***. — Mais, l'avez-vous lu, ce poëme que vous improuvez tant? — Non. — Il faut le lire. — Dieu m'en préserve ! — Ecoutez-en du moins un morceau, et vous verrez qu'il s'en faut beaucoup qu'il soit aussi scandaleux qu'on l'a dit. — Voyons. — Le comte débite sur-le-champ, et du ton le plus sérieux :

O mes amis ! vivons en bons chrétiens :
C'est le parti, croyez-moi, qu'il faut
prendre.

Eh bien ! monsieur ? — Oh ! répond l'officier, quand Voltaire le

veut, je sais bien qu'il fait des mer-
veilles.

Le chevalier Rohan Chabot étant
à dîner chez le duc de Sully avec
Voltaire, trouva mauvais que le
jeune poète ne fût pas de son avis.
« Quel est cet homme, demanda-
t-il, qui parle si haut ? — M. le
chevalier, répartit Voltaire, c'est
un homme qui ne traine pas un
grand nom, mais qui sait honorer
celui qu'il porte. » Le chevalier se
leva et sortit. Mais, à quelques
jours de là, il fit guetter Voltaire,
lorsqu'il était encore chez le duc de
Sully, et l'ayant attiré dans la rue,
sous quelques prétextes, il le fit
frapper par des coquins en sa présence. Voltaire voulut prendre
M. Sully à témoin de cet assassinat,
et en poursuivre la vengeance. Le
duc s'y refusa. Voltaire ne le revit

plus : il se renferma quelque tems pour prendre des leçons d'escrime, puis il alla trouver le chevalier de Rohan, dans la loge des actrices, et lui dit : « Monsieur, si quelque affaire d'usure ne vous a point fait oublier l'outrage dont j'ai à me plaindre, j'espère que vous m'en ferez raison » Le chevalier accepte le défi pour le lendemain, et assigne lui-même le rendez-vous à la porte St.-Antoine; mais le soir il porte l'alarme dans sa famille. Pour écarter ce rival, on lui cherche des torts; le plus sûr, fut de montrer au duc régent du royaume, et qui, comme on sait, était borgne, les vers que Voltaire avait adressés à sa maîtresse, la marquise de Prie :

Io, sans avoir l'art de feindre,
D'Argus sut tromper tous les yeux;
Nous n'en avons qu'un seul à craindre,
Pourquoi ne nous pas rendre heureux!

Voltaire fut arrêté, et envoyé à la Bastille, où il resta six mois. C'est ainsi que se termina cette aventure.

Voltaire se trouvant à la toilette du roi de Prusse, jeune encore, fit cet impromptu, en s'adressant à Maupertuis :

> Ami, vois-tu ces cheveux blancs
> Sur une tête que j'adore?
> Ils ressemblent à ses talens ;
> Ils son venus avec le tems,
> Et comme eux ils croîtront encore.

On lira avec plaisir les vers suivans, que Voltaire adressa à mademoiselle Gaussin, jouant dans Alzire :

> Ce n'est pas moi qu'on applaudit,
> C'est vous qu'on aime et qu'on admire;
> Et vous damnez, charmante *Alzire*,
> Tout ceux que Gusman convertit.

12 *

Quelque tems avant sa mort, on donna en sa présence une représentation d'*Alzire* ; l'enthousiasme fut général. Le chevalier d'Escure présenta à Voltaire , sortant de sa loge , cet impromptu charmant :

Ainsi chez les Incas , dans leurs jours fortunés,
Les enfans du soleil, dont nous suivons l'exemple,
Aux transports les plus doux étaient abandonnés ,
Lorsque de ses rayons il éclairait leur temple.

Voltaire répondit sur-le-champ par ces deux vers de *Zaïre :*

Des chevaliers français tel est le caractère ;
Leur noblesse en tout tems me fut utile et chère.

On apporta un jour à Voltaire
un volume d'une nouvelle édition
de ses œuvres. A l'ouverture de ce
livre, il tomba sur son épître au
chevalier de Boufflers, qui com-
mence ainsi :

> Croyez qu'un vieillard cacochyme,
> Agé de soixante et douze ans.

Voltaire entra en fureur, et dé-
chira le feuillet, en s'écriant : « Barbare ! dis donc *chargé*, et non point
âgé ; fais une image et non pas un
extrait baptistaire. »

L'abbé Trublet a fait des essais
de littérature et des mémoires très-
volumineux en faveur de Fontenelle et Lamothe. Voltaire lui dé-
cocha l'épigramme suivante, dont
le dernier vers est connu de tout
le monde :

> L'abbé Trublet avait alors la rage
> D'être à Paris un petit personnage ;

Au peu d'esprit que le bonhomme avait,
L'esprit d'autrui par supplément servait,
Il entassait adage sur adage,
Il compilait, compilait, compilait.

On vantait, en présence de Voltaire, les agrémens de la campagne. « C'est, dit-il, le premier des plaisirs insipides. »

Epigramme contre le C.....
Ci-gît qui toujours bredouilla,
Sans avoir jamais pu rien dire;
Beaucoup de livres farfouilla,
Sans avoir jamais pu s'instruire,
Et beaucoup d'écrits barbouilla,
Que personne ne pourra lire.

Dans une épître, qui est un tableau des usages de Paris, Voltaire a peint une jeune femme qui, bien parée, va par désœuvrement faire

visite à une autre femme pareille-
ment désœuvrée.

Elle entre et baille, et puis lui dit : « Ma-
    dame,
» J'apporte ici tout l'ennui de mon ame :
» Joignez un peu votre inutilité
» A ce fardeau de mon oisiveté. »

Voilà ce qui est, mais voilà ce
qu'on ne dit point.

Epigramme contre l'abbé Desfontaines.

Pour l'amour anti-physique,
Desfontaines flagellé,
A, dit-on, fort mal parlé
Du système Newtonique :
Il a pris tout à rebours
La vérité la plus pure;
Et ses erreurs sont toujours
Des péchés contre nature.

Le roi de Prusse fit exécuter une

statue de Voltaire, dans sa belle manufacture de porcelaine, et la lui envoya, avec ce mot gravé sur la base :

Immortali !

Voltaire écrivit au-dessous:

Vous êtes généreux : vos bontés souve-
raines
Me font de trop nobles présens :
Vous me donnez sur mes vieux ans
Une terre dans vos domaines.

Pigal fit la statue de Voltaire, en France, et c'est une des plus ressemblantes.

Voltaire avait dit :

Au sortir du berceau , j'ai bégayé des vers.

Il a voulu finir comme il avait commencé. Quelques mois avant sa mort, il fit ses adieux à la vie par une pièce de vers qui respirent l'enjouement et la plaisanterie :

Adieu ! je vais dans ce pays
Dont ne revint pas feu mon père :
Pour jamais, adieu mes amis,
Qui ne me regretterez guère.
Vous en rirez, mes ennemis,
C'est le *requiem* ordinaire.
Vous en tâterez quelque jour,
Et lorsqu'aux ténébreux rivages,
Vous irez trouver vos ouvrages,
Vous ferez rire à votre tour.
Quand, sur la scène du monde,
Chaque homme a joué son rôlet,
En partant, il est à la ronde
Reconduit à coup de sifflet.
Dans leur dernière maladie,
J'ai vu des gens de tous états,
Vieux évêques, vieux magistrats,
Vieux courtisans à l'agonie :
Vainement, en cérémonie,
Avec sa clochette arrivait
L'attirail de la sacristie :
Le curé vainement oignait
Notre vieille ame à sa sortie :

La satyre un moment parlait
Des ridicules de sa vie,
Puis à jamais on l'oubliait.
Ainsi la farce était finie.
Au terme où je suis parvenu,
Quel mortel est le moins à plaindre?
C'est celui qui ne sait rien craindre;
Qui vit et meurt inconnu.

Épitaphe de Voltaire.

O Parnasse ! frémis de douleur et
d'effroi !
Pleurez, Muses, brisez vos lyres immor-
telles :
Toi ! dont il fatigua les cent voix et les
ailes,
Dis que Voltaire est mort, pleure et
repose-toi !

FIN.

www.ingramcontent.com/pod-product-compliance
Lightning Source LLC
Chambersburg PA
CBHW060147100426
42744CB00007B/934

Second Edition

Take Two Cookies
And Call Me In The Morning

How to Connect in a Disconnected World

a story by
Dr. Nancy R. Harris

Illustrated by Shannon Parish

Published and distributed by ╬RICHER Press

An Imprint of Richer Life, LLC

4600 E. Washington Street, Suite 300, Phoenix, Arizona 85034

www.richerlifellc.com

Cover Design: Richer Media USA

Illustrations: Shannon Parish

RICHER Press also publishes its books in a variety of electronic formats.

Some content that appears in print may not be available eBooks..

Library of Congress Cataloging-in-Publications Data

Nancy R. Harris

Take Two Cookies and Call Me in The Morning:

How to Connect in a Disconnected World

Nancy R. Harris-- 2nd edition

p.   cm.

ISBN 978-0-9863544-1-0 (pbk: alk. Paper)

1. Self-Improvement 2. Psychology 3. Spiritual Growth

2015930253

ISBN 13: 978-0-9863544-1-0

ISBN 10: 09863544-10

Second edition, January 2015

Printed in the United States of America